中国出版家丛书

ZHONGGUO CHUBANJIA CONGSHU

中国出版家 宋云彬

Zhongguo Chubanjia
Song Yunbin

柳斌杰 主编　邱雪松 著

人民出版社

出版说明

　　出版不仅仅是一个充满竞争的商业领域，同时，它也深深打上了"文化"和"思想"的印记。在这个文化场域中，交织着多种力量的动态关系，通过出版物的呈现和出版活动的开展，描绘了一个时代的文化风貌；而回旋折冲于其间者，则是那些幕后活跃、台前无闻的各类出版人。他们自喻"为他人做嫁衣裳"，事实上，却是国家文化传承和历史记录的主要担当者，有出版发展的参与人和见证者甚至称他们所起的作用为保存民族记忆的千秋大脑。虽然扼据出版要津之地，却少见自家行当的人物传记出版。本丛书是第一次规模化地为这个群体中的杰出者系列立传，从一个人到一群人的出版事功中，折射出近代以降出版业的俯仰变迁，同时也见证着出版参与时代文化思想缔构及其背后深广的社会历史内容。那些曾经彪炳于时的出版人，一方面安身于这个行业，以其敏锐犀利的时代洞察力，在市场、经营与创意中躬行实践，标领乃至规划了这个行业的发展，并使之成为国民经济的一个重要门类；另一方面又在"安身"之外，显现出面向社会的公共性关怀与"立命"的超越性关怀，从职业而志业的追求中，服务于民族解放、思想启蒙与文化进步的社会性经营，书写了出版人生的风采、风骨与风流。

本丛书所传写的 30 余位出版人，均为活跃于 20 世纪并已过世的出版前辈。中国古代也曾涌现了陈起、毛晋等出版大家，只是未纳入本书的传主范围。丛书在体例上，有单人独传与多人合传之分，但这并不必然意味着对传主出版贡献及其历史地位的轻重判别，许多情况下的数人合传，乃困于传主史料的阙如而不得已的选择，某些重要出版人如大东书局总经理沈骏声、儿童书局创办人张一渠等，也囿于同样情形而未能列入本丛书的传主名单，殊觉憾事。虽说隐身不等于泯灭，但这个行业固有的幕后特征多少带来了出版人身份上的隐而不显、显而不彰。本丛书的出版，固然是想通过对前辈出版事迹的阐幽发微、立传入史，能让同样为人做嫁衣者的当今出版人不至于觉得气类太孤，内心获得温暖，并昭示后来者在人生目标上，在家国情怀上，在出版境界上，追步于前贤，自觉立起一面促人警醒自鉴的镜子；同时更希望通过一个个传主微历史的场景呈现，让更多的人认识到出版在产业之外，更是一项薪火相传的社会文化事业，它对时代文化的接引与外度，使其成为一种任何人都不可忽视的"势力"，在百余年来的社会发展进程中，发挥了不可替代的作用。

故此，我们推出这套"中国出版家丛书"，以展示中国文化创造者的风采，弘扬他们的优良传统和崇高的职业精神，发掘出版史史料，丰富出版史研究和编辑史研究。

"中国出版家丛书"编辑委员会
人民出版社编辑部
二〇一六年四月

目 录

前　言

　　宋云彬（1897—1979），浙江省海宁县硖石镇人，著名文史学家、作家、编辑出版家和民主人士。他经历丰富，身份多重，终其一生，"编辑出版"无疑是他最为亮眼的人生底色。

　　宋云彬，以五四青年的面目登上历史舞台。他早在1918年就投书《新青年》，呼吁要重视对"黑幕书"的批判。1921年，宋云彬来到省城杭州，先后担任《杭州报》、《浙江民报》、《新浙江报》的编辑、副刊编辑和主笔。他锐利的时评，揭露了社会的黑暗与军阀的腐败，以至于被视为"过激党"。1924年，宋云彬在安体诚、宣中华的介绍下加入了中国共产党。1926年，他奔赴革命中心广州，任职于黄埔军校政治部宣传科，并担任了《黄埔日报》的编辑。翌年，他辗转到达武汉，出任《汉口民国日报》编辑，兼国民政府劳工部秘书。在国民党背叛革命之后，宋云彬成了通缉要犯，他被迫离开武汉，在牯岭暂避一段时间后，回到上海，以"编辑"的身份开启了自己10年书海生涯。

宋云彬起初在商务印书馆担任馆外编辑，1930 年冬正式入职开明书店。作为一家彼时刚崛起不久的新文化出版社，开明书店急欲进入古籍出版领域，以树立行业地位。宋云彬进入开明书店，起因就是负责其业师朱起凤《辞通》的编辑与校勘。除了《辞通》以外，宋云彬还参与到《开明活叶文选注释》、《开明中国历史讲义》等工作当中。与此同时，他更著述不断，先后出版《东汉之宗教》、《王守仁与明理学》、洁本《水浒》、《玄武门之变》、《陶渊明》等书籍，并在《中学生》、《新少年》等刊物发表各类思想、文史、时事类文章，普及各种知识，上海 10 年他以文史学家兼编辑的身份为世人所熟知。

随着国难日渐临近，宋云彬的满腔热血再度激荡。他于 1936 年加入了上海文化界救国会，1937 年八一三事变，开明书店遭遇重创，人员解散。宋云彬再次来到武汉，加入了郭沫若领导的政治部第三厅，从事抗战宣传。同时，他还与茅盾、楼适夷、叶圣陶一道创立大路书店，创刊《少年先锋》，致力于战时小读者的教育工作。1938 年武汉沦陷之前，他撤退到桂林，利用自己的影响力积极参与文化城的各项文艺活动，出任文化供应社出版部主任一职。他在桂林期间继续笔耕不辍，出版了《破戒草》、《骨鲠集》两本杂文集。宋云彬还与夏衍、聂绀弩、孟超、秦似一道创办以刊载杂文为主的文艺刊物《野草》，为大后方的作家提供了发表平台。同时，他与叶圣陶、傅彬然于 1942 年创刊的《国文杂志》，成为当时广受欢迎的青年语文学习指导读物。宋云彬同时积极参与筹划《中学生》的复刊，为该刊物因应战时需要的变革献计献策。可以说，在广西期间，宋云彬出版编辑方面的才能得到了最全方位的展现，而他也因之成为抗战时期广西地区士林领袖之一。

1944 年豫湘桂战役爆发后，宋云彬离开桂林来到重庆，随后在周恩来的同意下，到昆明的英军心理作战部担任顾问。在昆明期间，他加入中国民主同盟，抗战胜利后，他回到重庆，担任《民主生活》周刊的主编，成为一名活跃的民主运动人士。环境恶化之后，他于 1946 年撤退到香港，再度入职文化供应社，担任总编辑，运筹帷幄，带领文化供应社渡过了黎明前的黑暗。

1949 年，宋云彬作为中共秘密安排的第四批民主人士，与柳亚子、叶圣陶、曹禺、郑振铎、王芸生等一道离港北上，参加建国大业。他全心全意地投入到新中国的建设之中，先后在华北人民政府教科书编审委员会、人民教育出版社等单位任职，承担起为新时代读者编审教材的重责，为新中国教材从"审定制"向"国定制"的平稳过渡做出了贡献。1951 年 9 月起，宋云彬到浙江工作，担任了一系列政府和民主党派的职务，他恪尽职守，甚至因此而遭遇不公待遇。1956 年，浙江省政府拆除西湖名人墓葬，他奋起反对，致电周恩来总理，最终促成了对墓葬的修复。同年，温州龙泉县政府工作人员拆毁佛教寺塔，导致大量文物被毁，他对此类短视行为甚为愤慨，要求对涉事人员予以严惩。宋云彬的耿介为他带来难以逆料的结果，1957 年他被划定为"右派分子"。在此困厄之际，"出版"成为他人生最后的寄寓。

1958 年，金灿然将他调至北京中华书局。他点校完成 130 卷《史记》，草拟《史记》的《出版说明》与《点校后记》。此外，他又担负《后汉书》的点校，参与《晋书》和齐、梁、陈三书的责编工作，诚可谓点校本"二十四史"责编第一人。

1979 年，宋云彬病逝于北京。

宋云彬曾说过："历史是'人'创造的，出版事业是'人'搞的。"①让我们通过追忆先贤的一生行迹，来深切缅怀这位书生出版家！

---

① 宋云彬：《开明旧事》，中国人民政治协商会议全国委员会文史资料研究委员会编：《文史资料选辑》第 31 辑，1962 年，第 30 页。

第一章

硖石之子

一、苦读少年

在浙江省海宁市的东北部，杭嘉湖平原上有一名为"硖石"的江南小镇，唐代大诗人白居易曾在此吟咏，留下了《登西山望硖石湖》一诗：

菱歌清唱棹舟回，树里南湖似鉴开。

平障烟浮低落日，出溪路细长新苔。

居民地僻常无事，太守官闲好独来。

犹忆长安论诗句，至今惆怅读书台。[1]

---

[1] （唐）白居易撰，谢思炜校注：《白居易诗集校注》第6册，中华书局2006年版，第2967页。

近代以后，"居民地僻常无事"的小镇形象一去不返，自光绪年间起，硖石凭借地理优势成为重要的米业交易集散地，随着 1909 年沪杭铁路的开通，硖石镇更日益汇入了现代中国的滚滚浪潮，走出了一批又一批青史留名的各色人物。本书传主宋云彬，即于 1897 年 8 月 16 日（农历丁酉年七月十九日）出生于海宁硖石镇。

宋云彬的父亲宋文虎，经营着小镇东河街上的一家锡箔店。母亲王氏，则作为贤内助，操持家务。虽然不是书香门第，但宋文虎夫妇非常重视教育，他们延请私塾老师在家授课，给宋云彬发蒙。到了宋云彬 9 岁时，他被送进了镇上的私立米业两等学堂接受系统的教育。

米业两等学堂系本地米商集股而建，据入读该学堂的马君松晚年回忆："设在硖石方便弄底，本来是一只小庙'惜字庵'。……学校的课堂（教室）只有两小间和北部三间厅屋，学生虽不多，仅一百十几人，但总觉得局促狭窄，难以舒展"。时代鼎革之际的学堂教师来源复杂，新旧交融。学堂的校长谈抚堂，教师朱起凤、吴清、蒋冠千、金振、尤桢、陈大斋等都是清朝秀才出身，一方面他们面对时局，增设各种新式课程，传播知识，讲评世界大势，开拓了学生眼界；另一方面在教学中又非常保守，强制学生背诵默写《诗经》、《古文观止》等古文，作文的题目也常常是"项羽论"、"豫让论"等策论文字，使得学生苦不堪言，难以对付。[①]

宋云彬在这样的学校里读书，既打下了扎实的国学根基，也埋下了革命的种子：

① 马君松:《忆母校——硖石私立米业学堂》，政协海宁县文史资料工作委员会编:《海宁文史资料》第 43 辑，1991 年，第 20—23 页。

辛亥革命前，我已经在高小里念书了。国文教师告诉我们写文章要顾到种种忌讳，例如"宁"字必须写作"甯"字，"玄"字必须少写末了的点，"仪"字必须少写一撇等等，这为的是"敬避庙讳"或避当今皇帝之讳。此外写文章引用到某种名号必须"抬头"，就是现在所谓"另行起"。抬头有"平抬头""单抬头""双抬头""三抬头"之分，平抬头只是另行起，单抬头便是另行起又要抬高一个字，三抬头就是抬高三个字，条件繁苛，一不留心，就得把全篇文章重新誊写过。不但写文章，平常写一封信，也有类似这样的麻烦。至于发议论自然更得当心，文章中如果用了"夷狄""胡虏"等字样，准会把教师吓得目瞪口呆，赶快蘸浓墨替你涂去；如果有讲什么平等自由或对清廷有不敬之处，那便是"非所宜言"，除被训斥以外，还得记一大过。我之所以从小就偷偷地读章炳麟的《訄书》（虽然看不大懂）和邹容的《革命军》，赞成革命，反对保皇者，大部分原因是在于此。[①]

1911 年 10 月 10 日武昌起义爆发，1912 年 1 月 1 日南京临时政府宣布成立，延续了两千多年的封建帝制结束。此时尚是小学生的宋云彬对这一翻天覆地的大事有着发自童心的兴奋与认同，他很高兴终于不用再为避讳、缠辫子和三跪九叩等繁文缛节而烦恼了：

辛亥革命时我已经十多岁了，当时情形，还历历如在目前。那时候我已经读过邹容的《革命军》，就思想而论，是属于革命

---

① 云彬：《民国初年的民主气象》，《现代周刊（槟榔屿）》复刊第 74 期，1947 年 10 月 19 日。

一派的，不过究竟年纪小，还不能了解革命的意义。但有两桩事使我感到痛快：第一是清皇朝被革掉了，第二是头上的辫子被革掉了。在清皇朝未被革掉以前，我们做"作文"就很麻烦，有些字要缺笔避讳，有些字要另行抬头，稍一不慎，就要受教师的斥责（不过仅受斥责而已，还不至于发生什么思想问题）。在辫子未革掉以前，每天早上母亲要逼着我打辫子（我的辫子是每天打一次的，而且打的是"大胖辫"，据母亲说，辫子松乱，是最不体面的事情，而大胖辫在那时候最时髦，但容易松乱），费去不少时间；又不常洗头，一到夏天，头发里散出一种难闻的臭气来。还有一桩事，曾引起我极大反感，就是光绪皇帝死掉的时候，小学校的教师率领我们去遥祭什么"大行皇帝"，事前教我们行三跪九叩首礼，还要我们做三声狗叫一般的哭声，名之曰"举哀"。祭过大行皇帝回来，我觉得受了侮辱；告诉我母亲，母亲也非常气愤。因此，我听到南京孙大总统就任，北京宣统皇帝退位的消息，快活得难以言语形容。

但学堂的进步教师尤干臣告诫弟子："你们不要太高兴了。革命不是这样容易成功的。一次革不成，二次，三次，也许四五次都说不定。"[①] 可以说在米业学堂，宋云彬对革命的曲折发展、个人的志业兴趣都有了朦胧的认识。

作为米业学堂第一批学生，宋云彬在 1911 年以"最优等"成绩毕业。1912 年，他入读杭州宗文中学，但一年后就因病辍学回到硖

---

① 宋云彬：《辛亥革命与袁世凯》，《文艺生活(桂林)》第 1 卷第 2 期，1941 年 10 月 15 日。

石。宋云彬还短暂地以旁听生的身份入读杭州共和法政专门学校，该校奉令停办后他就与正式的学校教育绝缘了。①此时父亲早已离世，作为家里仅有的男性，他必须尽早承担起家庭的责任，宋云彬接手了锡箔店，在母亲的帮助下打理生意，26 岁时，他又与孙秀珍结为了夫妻。虽然幽居家乡不能进高等学府深造，但宋云彬并未放弃，一边潜心自学，一边时刻关注着国内时事。

中华民国建立以后，各派人士对国家发展纷纷提出自己的看法与建议，并据此成立各种民间社团，俭德会就是其中之一。该会把国家强弱与民众奢俭的个人道德勾连起来，要求会员在日常生活中身体力行"一不狎邪，二不赌博，三不必以酒肉宴客，四不必华服，五不轻寒素"，在彼时的社会具有相当的号召力。偏居硖石的宋云彬也加入了该会。

1914 年 2 月 3 日《申报·自由谈话会》发表了宋云彬对此问题的看法，这是有据可查他第一次正式见诸报刊的文字。在此需要对《申报·自由谈话会》略作交代。它是王钝根主持的《申报·自由谈》副刊专栏，设置于 1912 年 10 月 23 日，1914 年 9 月 29 日终止。该专栏以"扶掖国家，诱导社会"为宗旨，在四百余期中，每期刊登文章数则至十数则不等，或片言只语，或专题论述，无不涉及时事，作者范围极广，共有二百余位。《自由谈话会》是彼时上海及周边略通文字，且对民国气象各有体认之人发表意见的"公共领域"。②

---

① 宋云彬求学经历据其 1949 年所填《干部履历表》之"学历"，中华书局人力资源部藏。

② 陈建华：《〈申报·自由谈话会〉——民初政治与文学的批评功能》，《从革命到共和：清末至民国时期文学、电影与文化的转型》，广西师范大学出版社 2009 年版，第 125 页。

本期《自由谈话会》围绕"俭德会"设题，共有五篇短文。宋云彬此时虽然年仅 17 岁，不过主编王钝根非常欣赏他的文章，把它排在第一，予以重点推出。宋云彬的文章如下：

> 吾国民穷国弱至于斯极夷（矣），考其故皆一奢字为之害也。奢嫖豪赌，一掷千金，高楼一席酒，穷汉半年粮，亦可见吾国人民之奢矣。今者，俭德会出现，不特挽回薄俗，且于中国前途，大有裨益。仆年十七，不知狎邪为何物，至于赌，则仆所深恶者。对于寒素之士，尊敬之不暇，何敢轻视。服饰纷华，酒食征逐，此鄙夫俗子之事，仆不屑也。总之，仆虽愚懦，自入俭德会后，敢违会中规则者，有如钱塘江，皇天后土实闻予言。凡吾同志曷归乎来，并进而祝之曰："中华民国万岁。俭德会万岁。"
>
> 抑仆更有进者，俭者，俭其无益之处，移作有益之事，然后谓之真俭，否则鄙啬耳。是诸同志不可不知者也。①

在文章中，宋云彬认可俭德会对于中国未来前途非常有益，同时他引申所谓的"俭"要体现在"俭其无益之处，移作有益之事"，将之与"鄙啬"做了区别，可见宋云彬对于俭德会有着自己的认识。这篇文章反映了宋云彬早年思想。文章通篇用文言写就，看得出传统教育对他的影响。宋云彬曾撰文提及"我那时候已经喜欢写写短文章，写的是近乎'鸳鸯蝴蝶派'的东西（短篇的笔记小说之类）"②。此时的

---

① 文见《申报·自由谈话会》1914 年 2 月 3 日，署名"海宁无我宋云彬"。
② 宋云彬：《鲁迅作品给我的启发》，《宋云彬文集》第 2 卷，中华书局 2015 年版，第 515 页。

宋云彬的确是一名鸳蝴派的追慕者，署名籍贯"海宁"笔名"无我"之外复加本名，即系某些鸳蝴旧式文人常有的做派。不过宋云彬的这种状态没有持续多久，很快五四新文化运动爆发，他在这场改变整个中国社会的巨大革命的洗礼中蜕变为一名新青年。

二、投书《新青年》

1915 年 9 月 15 日，陈独秀在上海创刊《青年杂志》。从 1916 年 9 月第 2 卷起，《青年杂志》改名为《新青年》。1917 年 1 月，陈独秀出任北京大学文科学长，杂志随之北迁，凭借全国最高学府的平台，《新青年》一纸风行，成为引领整个青年思想界的刊物。陈独秀、胡适这群《新青年》编辑，看到辛亥革命之后中国日益军阀割据，政治腐败，他们认识到无论洋务派的器物、维新派的制度，还是革命派的政体，都不能真正改变中国积贫积弱的局面，惟有从思想文化入手才能成功，用陈独秀的话讲，"我们现在认定只有这两位先生（'德先生'与'赛先生'——引者注），可以救治中国政治上道德上学术上思想上一切的黑暗。"①

同时，他们将希望寄托于青年一辈。陈独秀在《青年杂志》发刊词《敬告青年》中，直接断言："人身遵新陈代谢之道则健康，陈腐朽败之细胞充塞人身则人身死，社会遵新陈代谢之道则隆盛，陈腐朽败之分子充塞社会则社会亡。"他将希望寄托于青年"予所欲涕泣陈词者，

①　陈独秀：《本志罪案之答辩书》，《新青年》第 6 卷第 1 号，1919 年 1 月 15 日。

惟属望于新鲜活泼之青年，有以自觉而奋斗耳！"他据此要求青年做到"自主的而非奴隶的"、"进步的而非保守的"、"进取的而非退隐的"、"世界的而非锁国的"、"实利的而非虚文的"、"科学的而非想象的"①。

李大钊发表的《青春》一文，更是鼓舞人心，他认为：

> 总之，青年之自觉，一在冲决过去历史之网罗，破坏陈腐学说之囹圄，勿令僵尸枯骨，束缚现在活泼泼地之我，进而纵现在青春之我，扑杀过去青春之我，促今日青春之我，禅让明日青春之我。一在脱绝浮世虚伪之机械生活，以特立独行之我，立于行健不息之大机轴。袒裼裸裎，去来无罣，全其优美高尚之天，不仅以今日青春之我，追杀今日白首之我，并宜以今日青春之我，豫杀来日白首之我。此固人生唯一之蕲向，青年唯一之责任也矣。

他最后号召青年要努力奋进：

> 青年循蹈乎此，本其理性，加以努力，进前而勿顾后，背黑暗而向光明，为世界进文明，为人类造幸福，以青春之我，创建青春之家庭，青春之国家，青春之民族，青春之人类，青春之地球，青春之宇宙，资以乐其无涯之生。乘风破浪，迢迢乎远矣，复何无计留春望尘莫及之忧哉？②

五四领袖们对青年一代的呼唤，激起了宋云彬的热情，他深为

---

① 陈独秀：《敬告青年》，《青年杂志》第 1 卷第 1 号，1915 年 9 月 15 日。
② 李大钊：《青春》，《新青年》第 2 卷第 1 号，1916 年 9 月 1 日。

《青春》这篇文章所感染："那时候我还不满二十岁，正富于春秋，没有什么'无计留春'或'望尘莫及'之忧；可是这篇文章里讲的'把握现在'的道理，却给了我莫大的启发。"①

此时在海宁的宋云彬，虽然偏居小镇，但通过订阅《新青年》了解到了外界的风云变幻。正如他的回忆："我那时候因为体弱多病，失学在家，为了自修，我订阅了《新青年》，而且从它的前身《青年杂志》订阅起。我爱这本期刊，每当邮递员把刚出版的那一期送到我手里的时候，我总立刻把它拆开来，贪婪地一篇一篇读下去。"②五四领袖们所宣传的各种新锐观念，极大地冲击了宋云彬旧有的知识结构，他坦陈"从此我就用另一种眼光来读历史"。他服膺于从报刊中所接触到的新思潮，逐渐蜕变为一名"新青年"。

在宣扬新思想的同时，五四领袖们高举文学革命的大旗。1917年1月，胡适在《新青年》发表《文学改良刍议》，提倡"今日而言文学改良，须从八事入手。八事者何？一曰，须言之有物。二曰，不摹仿古人。三曰，须讲求文法。四曰，不作无病之呻吟。五曰，务去滥调套语。六曰，不用典。七曰，不讲对仗。八曰，不避俗字俗语。"③2月，陈独秀发表措辞更为激烈的《文学革命论》，"甘冒全国学究之敌，高张'文学革命军'大旗"，"曰推倒雕琢的、阿谀的贵族文学，建设平易的、抒情的国民文学；曰推倒陈腐的、铺张的古典文学，建设新鲜的、立诚的写实文学；曰推倒迂晦的、艰涩的山林文学，建设明了

---

① 宋云彬：《青春》，《宋云彬文集》第2卷，中华书局2015年版，第288页。

② 宋云彬：《鲁迅作品给我的启发》，《宋云彬文集》第2卷，中华书局2015年版，第515页。

③ 胡适：《文学改良刍议》，《新青年》第2卷第5号，1917年1月1日。

的、通俗的社会文学"。①鲁迅则将思想启蒙与文学革命熔铸于小说创作中，开辟了新的战场。

1918 年 5 月，鲁迅在《新青年》发表《狂人日记》，这篇小说以决绝态度批判封建传统，标志着现代白话文小说的诞生。宋云彬对自己初读《狂人日记》时所获冲击记忆犹新：

> 印象太深了，虽然是十八年前的事情，回想起来，还同昨天一样。
>
> ……那时候上海丁福保、俞复诸君正在提倡什么"灵学"，出版《灵学杂志》，这一期的《新青年》出全力来辟"灵学"谬说，同时又登了一篇署名"鲁迅"的创作小说《狂人日记》。我读完那篇小说，感到异常的激动："四千年来时时吃人的地方，今天才明白，我也在其中混了多年！""鲁迅这篇小说，可以抵得过几十篇、几百篇反'孔教'、'反灵学'的大文章"，我这样想。而且我感觉到中国文学从《狂人日记》起要划一个新时期了。②

对宋云彬更为重要的是，他对旧文学认识的转变："我那时候已经喜欢写写短文章，写的是近乎'鸳鸯蝴蝶派'的东西（短篇的笔记小说之类），但是因为看《新青年》的缘故，渐渐不满意'鸳鸯蝴蝶派'的作品。"③新文学阵营此时集中于对"鸳鸯蝴蝶派"的批判，但对与"鸳

---

① 陈独秀：《文学革命论》，《新青年》第 2 卷第 6 号，1917 年 2 月 1 日。
② 宋云彬：《鲁迅》，《中学生》第 70 期，1936 年 12 月 1 日。
③ 宋云彬：《鲁迅作品给我的启发》，《宋云彬文集》第 2 卷，中华书局 2015 年版，第 515 页。

鸯蝴蝶派"内在关系甚深的"黑幕小说"缺乏警惕，而宋云彬自旧阵营中反戈一击，率先倡言批判彼时风行的"黑幕小说"。

"黑幕小说"兴起于清末，最初仅是描写社会阴暗丑恶的报章点缀。1916年《时事新报》开辟"上海黑幕"专栏后，来稿不绝，1917年《申报》登载"黑幕小说"征文启事，同时《上海秘幕》、《上海黑幕汇编》、《广东黑幕大观》、《中国黑幕大观》、《新黑幕大观》、《复辟之黑幕》、《中外黑幕丛编》等书层出不穷，一时之间"黑幕小说"达到顶峰，以至于当时教育部通俗教育研究会于1918年发布了《劝告小说家勿再编写黑幕一类小说之函稿》，希望作家减少创作"黑幕小说"。

《新青年》深受青年喜爱，宋云彬为此特意致函《新青年》编辑钱玄同，认为该杂志应该对黑幕书有明确的反对态度。其信全文如下：

玄同先生：

　　近来黑幕小说日出不穷，每天报纸上黑幕出版的广告，总有三四起之多。有一位书业中人对我说，黑幕书销路之广，出人意外。那些正常杂志，如《科学》等，购者反寥寥无几。唉，先生！我国人看书的程度低到这样，真可令人痛哭！这些黑幕小说所叙的事实，颇与现在之恶社会相吻合，一般青年到了无聊的时候，便要去实行摹仿，所以黑幕小说，简直可称做杀人放火奸淫拐骗的讲义。先生对于《灵学丛志》曾经大加指斥；对于这种流毒无穷的黑幕，何以尚无反对的表示呢？

　　　　　　　　　　宋云彬　一九一八年十月廿五日

钱玄同回信宋云彬，对宋云彬的意见表示赞同："本志既以革新青年头脑为目的，则排斥此类书籍，自是应尽之职务，此后当著论及之。"①两人的通信以《"黑幕"书》为题，发表在 1919 年 1 月 15 日出版的《新青年》上，自此揭开了新文学阵营批判"黑幕小说"的序幕。其后，周作人在《每周评论》与《新青年》分别发表《论"黑幕"》、《再论"黑幕"》，罗家伦在《新潮》发表《今日中国之小说界》，鲁迅在《新青年》发表《有无相通》，沈雁冰在《小说月报》发表《反动》，在一致的声讨下，"黑幕小说"逐渐消弭于文坛。

"黑幕小说"讨论，是宋云彬首次参与到全国性的舆论话题之中，他对别的新文化议题同样有着敏感，其中尤以教育为甚。五四前夕，杜威受邀来华讲学，他的实验主义，尤其是教育理念，借由他的讲演以及胡适、陶行知、蒋梦麟等的宣传，在中国得到了广泛传播。宋云彬对其理论也有所接触，他投稿《海宁教育》专门讨论了实验主义在中国的展开。他认为："现在的旧式教育家，对于儿童的观念，同成人一样，不管他本能如何，硬把书本上的知识经验装到儿童的脑里去，其结果，好的便造成几个摇头摆脑鬼气沉沉的书生。坏的，就使儿童不肯到学校里去，永没有受教育的机会。"宋云彬点出儿童的特殊性："我们现在要晓得儿童本来有一种可能性，他自己可以发展自己。他的发展，会很新奇，而且各人有个人的发展，我们万万不可预定了方针去教授他，应该要用试验主义（即实验主义——引者注）随时启发他的本能。"随后，他定义，"总而言之，试验主义的教育，是随机应变，见景生情"②。

---

① 《"黑幕"书》，《新青年》第 6 卷第 1 号，1919 年 1 月 15 日。

② 宋云彬：《"试验主义"的初等教育》，《宋云彬文集》第 3 卷，中华书局 2015 年版，第 1 页。

除了积极宣传实验主义，宋云彬还积极讨论地方教育事务的具体展开。当时海宁新式学堂教育开展得并不顺利，私塾逐渐增多。针对此类开倒车的行为，宋云彬发表了《私塾的废弃和学校的改良》：

近来我们海宁有一种很可怕的现象，就是学校里学生天天减少，私塾里却天天增多，那些有财的大都又请了一位"西席"，在家里教儿童读书。他的理由，就是说说"学校里不注重国文，待学生又不严紧，反不如送到私塾里去，倒多读几本书"。

这种谬误的思想，脑子简单的父母，差不多个个一样，所以私塾就一天一天的发达起来，咳，现在是甚么世界，还容得那班头脑冬烘的学究，在那里教孩子么？他们不知道儿童的性情，硬把孔丘孟轲的甚么四书五经，装到儿童的脑里，把活泼泼的少年，造成摇头摆脑不中用的怪物。可怜孩子们受了几多年的"私塾教育"，连生活技能都没有，遑说甚么科学知识，咳！这种可怜的孩子，我们总要快快儿援救他才好！

其次他针对性进行分析，提出需要改良现行海宁的学堂教育：

我们要援救这班孩子，第一个问题，自然先要把私塾统统废弃了，用新教育来教这班孩子，然而我们要废弃私塾，那孩子儿父母，偏说私塾较学校为好，不肯把孩子送到学校里来，这却如何是好呢！

我们为要废弃私塾，不能用"强迫手段"，要他"自然淘汰"，然则我们办学堂也几十年了，为甚么私塾还没有淘汰呢？这都因为学校教育不十分高明，不能得学生父母的信仰的缘故。

如果学校办得好，学生的父母，决不会不肯把学生送到学校里来，所以废弃私塾的先决的问题，是改良学校。

现在我单讲海宁的学校教育，我实在有些不敢恭维。他们的"死守成规"的书本教育，从严格上讲起来，同私塾不过是二五与一十，没有甚么区别。蔡孑民说现在小学校里的书本教育，好像花匠把好好的花，扎成了盆景。这并不是过分的话，请诸位想想，你们现在教学生的方法，是不是同花匠扎盆景的一样么？

要普及教育，先要废弃私塾；要废弃私塾，先要改良学校。我希望海宁的教育家，我更希望全国的教育家，大家努力，去改良刷新，到私塾"淘汰尽了"的时候，就是诸位"大功告成"的时候。至于改良的方法很多，我空了要提出几个问题，同诸位商榷，现在暂止于此了。[①]

可以看到，在海宁期间，宋云彬已经崭露头角，但海宁毕竟是一个小城镇，它所提供的平台始终有限，宋云彬的文章大多只能发表在地方性的刊物上，受众有限，而这早已不能满足他。1921 年，宋云彬离开家乡海宁，去往省城杭州，小镇新青年的他，开始在省城登台亮相，成长为一名有着广泛影响力的新文化知名人士。

---

① 宋云彬:《私塾的废弃和学校的改良》,《宋云彬文集》第 3 卷，中华书局 2015 年版，第 2—3 页。

一、报业新锐

1921 年，宋云彬离开海宁来到杭州担任《杭州报》编辑。《杭州报》由许行彬创办。许行彬（1874—1953），海宁周王庙人，光绪二十一年秀才，后肄业于杭州高等学堂。许行彬一生经历丰富，先后从政经商，"报人"是他最为醒目的标志。他 1910 年在杭州办《浙江白话报》，后协助杭辛斋办《浙江白话新报》和《农工杂志》，辛亥革命后又先后创办《西湖报》、《良言报》、《杭州报》。①

---

① 《海宁市志》编纂委员会编：《海宁市志》，汉语大词典出版社 1995 年版，第 1161 页。

《杭州报》1921年11月25日正式发行，刘大白担任总编辑，许行彬办报奉行"议扬持正，弹劾巨僚，以伸民权"的宗旨，刘大白作为浙江省新文化运动的风云人物，白话文写作娴熟，加之蒋百里、沈玄庐等名流时常投稿，《杭州报》影响日大，成为浙江地区舆论的风向标，宋云彬在报馆得到了最好的训练。

宋云彬曾回忆自己入行《杭州报》的经过及彼时的杭州报界情形：

> 我入杭州报界还在民国十一年，许行彬先生等卷土重来，创办《杭州报》，我承吴、虞两先生介绍进去。那时候正华府会议开会，主《杭州报》笔政的为刘大白，对华府会议作了不少文章，沈定一、蒋百里两先生也时有论文在《杭州报》发表，这几位在杭州自然要算是卓越的舆论家了。
>
> 那时候杭州的报纸，对于论文似乎比较新闻的记载还重视，《浙江民报》的孙龙门先生，《嘉言报》的朱采真先生都时时有惹人注意的论文发表，甚至互相辩难，累数日不休，虽然有几家报纸如《全浙公报》等，仍老守着旧态度，做几个毫无深意的时评来塞责，但那时候的杭州报界，总算是生气勃勃的了。[①]

1922年夏，羽翼丰满的宋云彬离开《杭州报》，受邀到《浙江民报》负责副刊《社会镜》编辑工作。他锐意改革，将《社会镜》更名为《月光》，不曾想却遭遇阻力，导致自己最终被迫离开《浙江民报》：

---

① 宋云彬：《杭州的新闻界》，《宋云彬文集》第2卷，中华书局2015年版，第1页。

　　我抱了一腔热情想把《社会镜》的一切龌龊洗尽了；巨耐我能力薄弱，不能使读者满意。承你们赞襄的几位同志时候惠寄稿件，很有许多好的，我方自庆从此《月光》里可不患寂寞了。谁想外来的打击，我没有办法贯彻我的宗旨。从《社会镜》改为《月光》以后，虽很有人说《月光》虽不见得十分出色，但是在正轨上走，而一贯看惯《社会镜》的一男一女的趣闻，和描写兽性肉欲小说的人们，心理上□起了一和□态，时时写信来骂，有时候岂一天十几封，这□是现象，因为《月光》不为这班人欢迎，或是就是月光的价值。然后我万想不到《社会镜》改《月光》的结果，竟使《民报》少销了一二百份，我不是《民报》的主人，《民报》的主人不愿他的改为《月光》而短销，我也不能强他从我。我几个月前，曾和许多朋友，发起《新浙江》，现在成立了，我就打定主意，要在《新浙江》的《新朋友》里努力。《月光》我不过为着朋友的要求，和他帮忙，他们不能容纳我的宗旨，我只有一个最低限度，使《月光》里不登（某人与某女吊膀）等等无赖□恶，但总觉得辱没了皎洁的月光了！①

　　宋云彬辞职后与友人创办《新浙江报》，任副刊《新朋友》负责人。宋云彬对《新朋友》投入了大量心血，他执笔发表了不少时论文章，抨击黑暗社会，宣传新思想，抗议军阀专权，提倡言论自由。在这其中，最能体现宋云彬新青年气质与报人胆识的是他敢于顶住舆论压力刊登诗人徐志摩与发妻张幼仪离婚通告一事。

---

① 宋云彬：《复拙园先生的信》，《宋云彬文集》第3卷，中华书局2015年版，第238页。

徐志摩（1897—1931），现代著名诗人，散文家。徐志摩出身优渥，其父徐申如是硖石首富，担任商会主席多年，在江浙沪一代的商界，有相当声誉。张幼仪（1900—1988），出生于上海宝山，父亲张祖泽是著名中医，兄妹 12 人中，为人所知者有张君劢（哲学家、法学家，曾任民社党领袖）、张公权（金融家），八弟张禹九则是徐志摩的好友。1915 年，徐志摩奉父母之命与张幼仪结婚，婚后他继续学业，张幼仪则辍学侍奉公婆。

1918 年，徐志摩前往美国哥伦比亚大学读书，次年转往英国。在英国，徐志摩遇上了林徽因，立即陷入情网不可自拔。1920 年冬，张幼仪到英国与徐志摩团聚。徐志摩执意离婚，张幼仪思考再三放弃了这段无爱的婚姻，1922 年 3 月两人在德国签字离婚。10 月，徐志摩回国，他和张幼仪又合写了一份通告，不过徐父施加个人的影响力反对通告见报。在此情形下，徐志摩找到了老乡宋云彬。

据宋云彬回忆："志摩和张女士离婚时，写了一篇'离婚宣言'；双方都签了字，送请《妇女杂志》发表，被志摩的父亲知道了，向《妇女杂志》编者取回，并反对他们在任何刊物上发表（志摩的父亲不承认他们的离婚，后来张女士改称志摩的父母为寄爸、寄妈），志摩没有办法，跑到杭州来跟我商量，我替他在《新浙江报》上发表了。"[①]《徐志摩张幼仪离婚通告》以前后两篇的形式刊载于 1922 年 11 月 6 日与 8 日的《新朋友》，此外宋云彬还慧眼独具地在 8 日那一期刊登了徐志摩的《笑解烦恼结（送幼仪）》一诗。

徐志摩与张幼仪的离婚案，因两人的家世显赫，离婚之初即遭

---

① 宋云彬：《关于徐志摩》，《宋云彬文集》第 2 卷，中华书局 2015 年版，第 657 页。

遇了极大阻力，徐志摩登报之后，此事更发酵为文化事件，以至于被称为"中国现代第一桩离婚案"，其影响可见一斑。宋云彬刊登通告，并不是出于猎奇心理，而是看到此事背后所蕴含的丰富社会意义。因此他作为编辑，在刊登了徐志摩张幼仪的通告后，还专门写了《读徐志摩、张幼仪离婚通告以后》一文，就此事展开深入分析，推动民众对婚姻自由的讨论与接受。

他首先肯定二人离婚的基础是彼此有了彻底的了解：

> 志摩和幼仪两君的结婚，不用说是旧式的、不自然的婚姻了。但我以为旧式婚姻的结果，有时也有例外——旧时旧式婚姻底下，也有发生真正的、浓厚的情感，不过极少数罢了。他们俩这篇通告，避开了事实，重在理论一方面。我没有明白他们俩结婚后是否有真纯的情感？倘单为了"含糊婚姻的关系，是彼此辱没人格"，而不顾及真纯的情感而离婚，这未免因噎废食吧？但我相信他们俩的离婚是彼此有了彻底的了解，而离婚的事实，决不那样简单。

其后他阐述自己的观点，强调离婚时女性的弱势地位，因此男性需要为女性的经济将来做好打算：

> ……但我以为离婚有一个大原则，须得像徐张二君的双方同意。因为现在旧式婚姻底下的女子，学问、经济，样样都不能独立，如果男子方面觉得要离婚的时候，女子方面还没有所谓"伟大的发现"，那么，男子方面，就应得先设法使女子觉悟，并且

要替女子打算经济的独立，候双方都觉到"非离婚不可"的时候，才实行离婚。如没有方法使女子觉悟，一味为着个人单方面的自由而离婚，使女子离婚后再不能得到人生的乐趣，那真是新时代的罪人了。我们应得想一想，几千年来，女子受男子的压迫、凌辱，到现在过渡的时代男子不得已为女子稍稍牺牲，也算不得什么大事。①

从引文可见，他一方面反对包办婚姻，赞成男女出于本意而离婚；另一方面认为离婚时，男方要充分考虑到女方，不能只为自己，而成为"新时代的罪人"。可以说，宋云彬的观点是恰当的。张幼仪在与徐志摩离婚后，入读德国斐斯塔洛齐学院，回国后先在东吴大学任教，后担任上海女子商业储蓄银行副总裁、云裳服装公司总经理，成为一名杰出的新女性。

1923年夏，宋云彬任《新浙江报》主笔。作为报人，宋云彬既有胆识报道热点事件，个人更有独到的分析评论。在他主持之下，《新浙江报》虽然是后起之秀，却很快成为极具影响力的报纸，他也被视为浙江的新派人物，引领舆论界一时风气。

在省城杭州崭露头角的宋云彬，还当选为海宁县议会议员，从对社会问题的讨论到参与家乡具体建设，宋云彬又多了一重身份。不过当时的县议会，徒具形式，既附属于被豪绅富商掌握的参议会，其内部也被保守派所把持。即使如此，宋云彬作为接受新思想的年轻一辈，在根本问题上，仍然敢于为民请命。在一次会议中，守旧人士提

---

① 宋云彬：《读徐志摩、张幼仪离婚通告以后》，《宋云彬文集》第2卷，中华书局2015年版，第350—351页。

出取缔乡村的茶馆，理由是农民容易聚众闹事，宋云彬联合年轻议员一道奋起抗争，成功阻止该议案获得通过。[①]

1922 年 7 月海宁发生涝灾，8 月大暴雨，将全县农田淹没，农民遭遇饥荒。宋云彬联名致信议会，要求召开临时会议，为灾民发放救济款。但县议会高高在上，完全不体察民情，拖延数月都没有采取任何动作，他愤怒之下于年底辞去了议员职务。他呼喊："人民啊，你们现在明白了，这些所谓人民代表的议员是靠不住的，我们还是自己起来。"[②] 短暂的从政经历，让宋云彬朦胧地意识到寄希望于议会议员进行自上而下的改革，此路不通，只有依靠群众的力量，才能真正改变中国社会。

二、光荣入党

1927 年 5 月 7 日，蒋介石发动四一二政变不足一月，宋云彬不惧危险执笔纪念被杀害的友人宣中华：

> 无限伤心，在这五四运动第八周年里已经没有我们的同志宣中华了！
>
> 中华一生奋斗的历史，我所知道的不过十之二三。何况在这一次的白色恐怖之下，我们同志牺牲者不知多少（尤其是李大钊同志）。革命者为革命而死，死无遗憾，我又何必单替中华同志

---

① 马君松：《民国时期海宁县议会纪略》，《水仙阁》2016 年第 4 期，第 16—17 页。
② 宋云彬：《早知今日何必当初》，《宋云彬文集》第 1 卷，中华书局 2015 年版，第 245 页。

写这一篇文字呢?

　　但我和中华过去的关系太深了。中华同志把我从堕落的深渊里拔救出来,他指示我上革命的大道,他固定我革命的人生观;从他的工作努力中,使我由惭愧而奋勉。现在他死了,他被蒋介石秘密处决了,我又怎能默无一言呢?①

　　正如宋云彬所言"我和中华过去的关系太深了",引领他走上革命道路的正是宣中华。

　　宣中华(1898—1927),浙江诸暨人。1915年入读浙江省第一省立师范学校,五四运动后,成为杭州学生运动的主要领导人之一。1921年春,赴上海参加马克思主义研究会,不久加入中国社会主义青年团。同年夏,应沈定一邀请,前往萧山县衙前乡参加农民运动。年底,以"浙江农民协会代表"的身份前往苏联,出席1922年1月在莫斯科召开的远东各国共产党及民族革命团体第一次代表大会。1922年4月回国,继续从事农民运动。同时,创办《责任》周刊,进行革命宣传。1924年初加入中国共产党。②宋云彬当时与国民党人多所往返,因此结识了宣中华。③除了宣中华外,另一位引领宋云彬走上革命道路的是此时在浙江的中共党员安体诚。安体诚(1896—1927),河北丰润人。早年就读于天津法政专门学校,1917年赴日留学。1921年回国,在天津法政专门学校任教,1922年加入中国共产党。

---

　　① 宋云彬:《我们的死者——宣中华同志》,《宋云彬文集》第2卷,中华书局2015年版,第536页。

　　② 廖盖隆主编:《中国共产党历史大辞典·总论·人物》,中共中央党校出版社1991年版,第448—449页。

　　③ 宋云彬:《惨痛的记忆》,《宋云彬文集》第2卷,中华书局2015年版,第446页。

1923 年应邀任杭州法政专门学校政治经济系教员，先后担任中共杭州党小组组长，独立支部书记，《向导》杭州发行部主任。[①] 安体诚因工作之便，与宋云彬多有接触。在宣中华、安体诚的引导下，宋云彬接触到中国共产党的刊物，接受了党的理论，1924 年 8 月，他光荣地加入了中国共产党。

1924 年 1 月 20 日至 30 日，国民党第一次全国代表大会在广东召开，大会通过了"联俄、联共、扶助农工"三大政策，国共开始合作。宣中华此时遵照党中央的决定，以个人身份加入了国民党，负责筹备国民党浙江省党部工作。宋云彬在他的领导下，担任了海宁筹备员一职，负责海宁的临时党部工作。

1924 年春，宋云彬与友人共同介绍朱宇苍加入国民党。朱宇苍借开办讲习会的机会在教员中发展党员，再由这些教员发展下一级党组织，海宁临时党部得以成立：

> 宋云彬在海宁筹备、组织县（临时）党部，有个过程。他首邀海宁国民党元老、在教育界有一定威望和影响的朱尚（宇苍）出面发展党员、组织党部。
>
> ……朱尚回海宁后，就在教育界这块阵地上，率先宣传和发展党员。1924 年暑假，利用小学教员讲习会，抓住这个恰当机会，事前与主办讲习会的负责人洽商妥当，由朱尚、宋云彬、詹秉文各自准备好选题，负责宣讲。讲的内容有：关于孙中山先生"知难行易"学说的简明道理；关于"三大政策"的重要意义；打

---

① 廖盖隆主编：《中国共产党历史大辞典·总论·人物》，中共中央党校出版社 1991 年版，第 230 页。

倒列强和坚决废除不平等条约等重要道理。通过这些宣传，教育界要求入党的人数逐步增多。后来他们回到各自区里，多数又成为带头宣传和征求同志入党的积极分子。云彬先生领先在硖石建立了第一个区分部；尔后，盐官（城区）、城东、长安等区分部也相继成立。在各区党部活动的基础上，是年 9 月 16 日（农历八月十八），国民党浙江省临时党部负责人沈定一（玄庐，当时也是共产党员）来海宁观潮，由宋云彬、朱宇苍等人接待，不久，国民党海宁县临时直属党部成立。①

到了 1925 年 4 月，海宁县党部正式成立，宋云彬又当选为执行委员。

1925 年 3 月 12 日，孙中山在北京逝世，失去了核心的国民党分裂为左、中、右三派。此时国民党浙江省党部负责人沈定一，虽然身份是中国共产党的跨党党员，但公开支持戴季陶的"国民党最高的惟一的原则就是三民主义"、"共产党退出国民党"的主张。鉴于沈定一的行径，1925 年 5 月，中共中央决定开除其党籍。7 月 5 日，沈定一在浙江萧山衙前主持召开了"国民党浙江省党部执行委员会全体扩大会议"，史称"衙前会议"。会议名义上是"为发展全省党务、实施中央决议"，并选举国民党第二次全国代表大会的代表，实质上是企图通过会议在组织上排挤共产党人和国民党左派在省党部的领导地位，破坏浙江的国共合作。②宣中华，旗帜鲜明地反对沈定一的主张。当

---

① 严永顺：《早期的共产党员　著名的文化人——纪念宋云彬诞辰 100 周年》，政协海宁市文史资料委员会编：《海宁文史资料》第 65 期，1997 年，第 11—12 页。

② 薛秀霞：《大浪淘沙：浙籍中共早期党员人生探索》，浙江大学出版社 2013 年版，第 338 页。

有人以宣中华与沈定一之间有师生之情加以劝说时，宣中华坚定地说："玄庐虽然能引导我走上革命道路，但不能拉我走上反革命道路，他敢反革命，我就与他斗争到底。"[①] 沈定一的行为，最终遭到了与会的共产党人和国民党左派人士的反驳，结果会议按党团提名，选出了宣中华等三人为国民党"二大"代表。不欢而散的衙前会议，标志国民党浙江省内部的左右对立，而随后的西山会议把矛盾彻底推上了前台。

1925年11月23日，国民党右派在北京西山碧云寺召开国民党一届四中全会，会议通过了反苏、反共、反对国共合作等议案，宣布"取消共产党员在国民党之党籍"、"开除国民党中央执行委员中的共产党员"等。沈定一是会议宣言和决议的主要起草人之一，他还在会上发表反共言论，要求解除谭平山、李大钊、毛泽东等共产党人在国民党中的领导职务，"誓与共产党不两立"。随后，西山会议派成员在上海成立"国民党中央党部"，同广州国民党对抗。[②] 沈定一回到浙江后加紧了反共活动。他以临时省党部的名义宣布开除浙江省临时党部执行委员和候补执行委员中的共产党员宣中华、安体诚、俞秀松、倪忧天、唐公宪等人的国民党党籍，并将临时省党部从杭州荐桥街严衙弄转移到小车桥，以便个人控制。

为了遏制沈定一的分裂活动，巩固统一战线，在中共上海区委的指示下，宣中华来到嘉兴，与宋云彬、顾作之，秘密商议对策，大家决定以国民党嘉兴县党部的名义，邀集全省共产党员和国民党左派各

---

① 《衙前镇志》编纂委员会编：《衙前镇志》，方志出版社2003年版，第249—250页。

② 夏征农、陈至立主编，熊月之等编著：《大辞海·中国近现代史卷》，上海辞书出版社2013年版，第415页。

市、县党部的代表，在海宁县硖石镇东山召开浙江省各市、县党部联席会议，并推定宋云彬、顾作之、唐公宪等为会议筹备人。同时，宣中华以浙江临时省党部执行委员名义致电国民党中央执委会，报告沈定一破坏统一战线的活动。

1925 年 12 月 15 日，"中国国民党浙江各县市党部联席会议"在海宁县硖石镇东山召开（史称"东山会议"），温州、宁波、绍兴、嘉兴、永嘉、湖州、金华等 12 个县市党部及部分党部代表 70 余人出席会议。与会代表对西山会议派反共、反苏、破坏国共合作统一战线、对抗广州国民党中央的行为进行了揭露，在统一思想的基础上，通过了两个提案：（一）通电全国声讨西山会议派；（二）否定被沈定一为首的国民党右派控制的省党部，成立浙江各县市党部联席会议，代行省党部职权。

1926 年 1 月，国民党"二大"在广州召开，宣中华在会上作了《浙江省党务报告》，揭露了沈定一的分裂活动。大会通过了《弹劾西山会议决议案》和《处分违犯本党纪律党员决议案》，西山会议派成员被处以开除党籍或警告处分，沈定一把持的浙江省党部被勒令停止活动，批准国民党浙江省县市联席会议代行省执委会职权。

宋云彬遵从组织决定，他认为导致沈定一背叛革命的根源是其追求"领袖欲"的个人英雄主义心理：

> 我和玄庐相识，我觉得他的朝秦暮楚，东倒西偏，完全是"领袖欲"在作怪。领袖欲是从个人英雄主义来的。凡抱个人英雄主义的，决不能做大众的事业，更不能做革命的事业；因为他一贯地自命不凡，没有接受批评，容纳劝告的雅量，无论加入什

么党团，便要做领袖，稍不如意，便悻悻然而去，等到各处碰壁，自己感到日暮途远，便不惜倒行逆施。……

谈起沈玄庐，我觉得要做一个始终如一的革命的进步的人，首先要拔去个人英雄主义的毒根，尤其是我们知识分子。[①]

宋云彬积极地参与革命活动，他愈益为当时仍控制着浙江省的北洋政府当局视作危险分子。1925 年五卅惨案发生后，中共中央宣传部为推进全民反帝浪潮，于 1925 年 6 月 4 日在上海创办了国民通讯社。作为中国共产党创办的第一个全国性的通讯社，它既向同时创办的《热血日报》提供稿件，也以通讯社的名义向全国各地报纸乃至外国报刊提供稿件，扩大党的影响。为了发挥其作用，1925 年 6 月 20 日，通讯社在上海的《民国日报》、《申报》发布启事："本社现添聘北京、广州、天津、汉口、重庆、福州、南京、杭州、郑州、哈尔滨、奉天、安庆、济南、青岛等地访员。薪金通信订定，特别从丰。应聘者须先投稿三次，本社认为合格时，当回书接洽。"[②] 宋云彬既有在报刊界丰富的从业经历，也是共产党员，自然成了国民通讯社在杭州最合适的通讯员，而这是他从私营的新闻人转向党领导的新闻人的开端，责任感更重的他执笔更有针对性。

他曾发表了《关税会议问题》一文，提醒国人要对此时正在美国召开的几乎没有人了解的关税特别会议加以注意：

---

① 宋云彬：《和平楼谈屑》，《宋云彬文集》第 2 卷，中华书局 2015 年版，第 178—179 页。

② 参见马光仁主编：《上海新闻史（1850—1949）》，复旦大学出版社 2014 年版，第519—520 页。

此次关税特别会议之召集，帝国主义者虽各有其利害不同之处，而乘机共同处分中国之目标则同。明白言之：英国将以握得未设铁路之建造等权利，及五卅案中国方面之让步，为增加关税之交换条件。日本则欲乘机握得许多无确实担保外债之可靠担保。美国则以严守华府条约范围为主旨等口头禅，以冀博得华人好感，而收商业上政治上种种利益。其他法意等国亦以其自身利益而定对华方针。我国军阀，则正以分得几许余沥为得计，更罔顾前途之危险矣。

他进而提醒民众要反对仍旧坚持不平等条约的关税特别会议：

吾人犹忆孙中山先生北上时之废除不平等条约之主张乎。关税会议之结果，将使不平等条约更加一层保障甚且扩大不平等条约之范围，与吾人所要求者绝对相反，以吾国民根本不能容忍此项会议者也。孙先生往矣，我国民应将孙先生所遗下之重担，各以铁肩任之，国际间不平等条约一日不废除，一日不能放下此重担。

国民乎，其速起反对此次废除不平等条约的主张完全相反之所谓关税特别会议哉！①

此时的宋云彬具有更全面的视野，他还曾发表文章讨论国际局势。如他发表的《论摩洛哥战事》，自觉地把摩洛哥等世界各地弱小

---

① 宋云彬：《关税会议问题》，《民国日报·觉悟》1925年8月19日。

民族的革命与中国自身正蓬勃展开的反帝运动联系起来思考：

> 吾人读此宣言，除深表同情于摩洛哥之革命运动外，对于摩洛哥战事有特别注意之必要。吾人所得战讯来自路透电社，然往往于字里行间窥见战事形势之严重，摩军以始终取攻势，法军未能占优胜也。至西班牙因地理及历史上之关系，必乘此纷纷之际助法攻摩，以冀恢复在摩已失之权利。故摩洛哥虽未受挫折，而处境极危。苟非如其宣言所云，非洲北部将继起革命者，恐终为法西两国所制伏耳。然而世界大变革之新机运已将到来，凡背乎合理原则而侵略他人者，虽得暂时之胜利，终不能维持其永久之威权也。今我中华民族方受尽外来强暴之欺凌，而国民革命之呼声亦既弥漫全国矣。对兹先吾人向帝国主义者作战之摩洛哥民族，岂仅同情而已哉？国民乎当知所以自处矣。①

1926年9月26日，淞沪警察厅奉联军总司令部之命，查封了国民通讯社，包括社长邵季昂在内共5人被捕。为了维系革命火种，宋云彬临危受命奔赴上海接替邵季昂的职务，担任通讯社社长一职。他很好地完成了任务，让通讯社继续工作一直到邵季昂出狱重新接手为止。本年秋天，宋云彬应安体诚邀请前往国民革命的发源地广州，全新的天地在等待着他去大显身手。

---

① 宋云彬：《论摩洛哥战事》，《国际公报》1925年8月8日。

三、编辑《黄埔日刊》

　　1924 年初，国民党"一大"召开后，以推翻北洋军阀为目标的国共两党革命统一战线正式形成，国民革命运动拉开序幕。1924 年 5 月，在苏联的帮助下，孙中山创办黄埔军校，蒋介石任校长，廖仲恺任党代表，周恩来任政治部副主任，该校旨在培养军事人才，为国民革命军奠定基础。1926 年夏，安体诚被派往黄埔军校，担任政治部宣传科长一职，并负责《黄埔日刊》。《黄埔日刊》是由 1926 年 3 月 3 日创办的《国民革命军中央军事政治学校日刊》易名而来。作为黄埔军校的机关报，它是一份革命性很强的军事刊物，"本刊是黄埔精神的结晶，它要以真确的革命理论，指导黄埔一万数千武装的革命青年去和敌人决战；它要引导一般民众走上真正的革命的道路。"①

　　安体诚到任后，四处延揽人员，有着丰富从业经验的宋云彬被他视为重要力量邀请至广州。不久，《黄埔日刊》组建好了编辑团队，安体诚任编辑委员会主任，与宋云彬、尹伯修、李逸民一道组成编辑委员会，政治部主任熊雄对文章进行最后把关，恽代英、萧楚女、罗懋琪是主要撰稿人。以上人员均是共产党员，保证了党对这份报纸的绝对领导。

　　宋云彬来广州投笔从戎，据当时在广州的友人回忆："当时的云彬给了我一个非常有趣的印象。从来穿长袍，踱方步的'云少爷'（茅盾送给他的称呼），忽然换上了军装。皮带束腰，绑布缠腿，却仍是

---

　　① 樊雄：《〈黄埔日刊〉考析》，《黄埔》2006 年第 4 期。

一派斯文，绝无赳赳之气，我会戏称他有了'儒将风度'。当时同在黄埔的张秋人与萧楚女等，也常拿他的'文武不挡'来开玩笑。"① 即使如此，宋云彬依旧积极地融入自己的角色，而《黄埔日报》在集体协作下也成为最有影响力的报纸。

据李逸民回忆《黄埔日刊》的日常工作：

> 我留在黄埔军校政治部，任务就是编军校的机关报《黄埔日刊》。这是一张对开报纸，由宣传科长安体诚、宣传股长宋云彬、尹伯修和我四个人组成编辑委员会，尹伯修是主编，兼编国际新闻版（第三版），我管校闻版（第一版）和文艺版（第四版），还有一个姓田的，编国内新闻版（第二版）。
>
> 国内新闻和国际新闻稿源比较充足，极少有自己撰写的文章。第四版也比较好编，投稿比较多，各部队来的散文、小说、新诗不少。第一版的校内新闻就比较麻烦，因为党政军的活动，头头们的讲话，都要登，但又不能全登。例如蒋介石的讲话不登不行，全登也不行，因为他的许多言论有问题，需要经过整理和编写，稍有疏忽，就会出岔子。

编辑之间分工明确，各有风格：

> 我第一次编报，开始感到吃力。稿子编完了，还要送宋云彬、安体诚审查，特别是蒋介石之类的讲话，熊雄同志还要亲自

---

① 王凡西：《怀念宋云彬与许志行》，政协海宁市文史资料委员会编：《海宁文史资料》第 65 期，1997 年，第 37—38 页。

看，所以往往比其他版发稿迟，常常搞到晚上十二点才齐稿。安体诚同志对工作非常负责，常常晚上陪着我们看过大样才走，等大样出来时，天已快亮了。他是河北人，约三十岁，担任过北京大学教授，是个老共产党员。他戴一副八百度的近视眼镜，看稿很吃力，但一丝不苟，由于他的认真把关，所以《黄埔日刊》很少出现大的纰漏。宋云彬同志是个才子，能写会唱，特别善于唱越剧，工作休息时，独自唱上几段《白蛇传》、《梁山伯与祝英台》，使紧张的工作带有几分轻松感。他对昆曲颇有研究，写字台上常常放着昆曲的唱本。他还懂得诗韵，新旧文学都有根底，能写生动活泼的散文。所以，有时第四版缺稿时，除了找恽代英同志外，也常常找他写稿。①

《黄埔日刊》的任务就是配合北伐开展宣传，宋云彬结合国内外形势，以笔为枪，从 1926 年 11 月起，先后发表了大量时评文章，为蓬勃开展的北伐鼓与呼。例如在《革命家与宗教家》中，他认为革命者纪念孙中山"不仅仅是静默一回，狂呼一阵，也不是像宗教徒祷告上帝，求上帝呵护。我们纪念他是要接受他伟大的主义和政策，从继续不断的努力中把宗教徒所梦想的极乐世界，由我们用科学的革命的方法实现出来"②。他要求黄埔学员，"第一，先要把自己的小资产阶级性的浪漫皮（脾）气，完全改好；第二，要把一切投机心虚荣心，完全铲除；第三，要认定自己的地位——是革命的工具，并不是革命的

---

① 李逸民：《李逸民回忆录》，湖南人民出版社 1986 年版，第 35—36 页。
② 宋云彬：《革命家与宗教家》，《宋云彬文集》第 1 卷，中华书局 2015 年版，第259 页。

领导者"[①]。他提醒革命群众，"我们应该知道大英帝国主义是中国革命的最大障碍，从今以后，我们要努力宣传大英帝国主义的凶狠！要扩大我们的对英'杯葛'！"[②] 作为新青年，宋云彬还自动地把北伐战争与文学革命的诉求相连接："我们这次北伐，是要完成辛亥革命未竟之功，换言之，是要把辛亥革命后袁世凯复古以来的旧秽积垢，洗涤净尽；我们不但要扫除军阀，肃清贪官污吏，并且要把封建社会时代遗留下来的旧习惯，根本打破。"[③]

随着革命形势的高涨，郭沫若、郁达夫、茅盾等支持革命的新文化运动领袖纷纷南下，鲁迅也于1927年到达广州，宋云彬与自己的偶像在广州有了第一次真正的文字交流。

1927年1月15日鲁迅离开厦门，于18日到达广州入职中山大学。鲁迅在一段时间的冷眼观察后认为："在他处，听得人说如何如何，迨来一看，还是旧的，不过有许多工会而已，并不怎样特别。"[④] 所以鲁迅一时没有写作的计划。此时的宋云彬，内心既对鲁迅来到广州非常高兴，也对鲁迅暂时放弃文学难以理解，年轻气盛的他发表了《鲁迅先生往那里躲》一文：

　　许久不见他的作品了。不久的以前，在《语丝》里见到他的

①　宋云彬：《黄埔同学应有的认识》，《宋云彬文集》第1卷，中华书局2015年版，第265页。

②　宋云彬：《天津被捕之本党同志无恙?》，《宋云彬文集》第1卷，中华书局2015年版，第274页。

③　宋云彬：《废除旧历》，《宋云彬文集》第1卷，中华书局2015年版，第307页。

④　鲁迅：《270126致韦素园》，《鲁迅全集》第12卷，人民文学出版社2005年版，第16页。

《厦门通讯》使我非常失望，这篇通讯，真是最无味的东西，除报告南方的天气和他庭前"自古已然，于今为烈"的红花以外，找不到什么意义。鲁迅，许是跳出了现社会去做旁观者了吗？

他到了中大，不但不曾恢复他《呐喊》的勇气，并且似乎在说"在北方时受着种种压迫种种刺激，到这里来没有压迫和刺激也就无话可说了。"噫嘻！异哉！鲁迅先生竟跑出了现社会躲向牛角尖里去了。旧社会死的苦痛，新社会生出的苦痛，多多少少放在他眼前，他竟熟视无睹！他把人生的镜子藏起来了，他把自己回复到过去时代去了。噫嘻！奇哉！鲁迅先生躲避了。

他告诉鲁迅，广东的青年期盼着他继续创作：

我知道鲁迅先生没有和他的故乡失掉了关系，但他不曾在城市上（至少是广州）把生活固定。鲁迅先生！你莫厌恶异乡的新年爆竹声；你莫尽自在大学教授室里编你的讲义。你更莫仅叫青年们尽情地喊，尽量地写，自己却默然无语，跳出了现代的社会。

鲁迅先生你到了广州以后，广州的青年都用一副欣赏的眼光来盼望你《呐喊》。幽默，似乎不是你的本意吧？

他在结尾大声呼吁鲁迅继续以笔为枪，激励青年：

鲁迅先生！广州来没有什么"纸冠"给你戴，只希望你不愿做"旁观者"，继续《呐喊》，喊破了沉寂的广州青年界的空气。

这也许便是你的使命。如此社会，如此环境，你不负担起你的使命来，你将往那里去躲？[①]

宋云彬的《鲁迅先生往那里躲》，引起了作家的注意，鲁迅深为宋云彬的热忱所感动，萌发了动笔予以解答的想法，只是由于各种原因才放弃。不过多年后鲁迅仍然在文章中专门谈到这件事：

> 因此也曾想如上文所说的那样，写一点东西，声明我虽不呐喊，却正在辩论和开会，有时一天只吃一顿饭，有时只吃一条鱼，也还未失掉了勇气。《在钟楼上》就是豫定的题目。然而一则还是因为辩论和开会，二则因为篇首引有拉狄克的两句话，另外又引起了我许多杂乱的感想，很想说出，终于反而搁下了。[②]

以后广州形势的发展证明了鲁迅的观察，而局内人的宋云彬一时难以看破也是可以理解的，很快他也陷入了危险之中。

虽然北伐高奏凯歌，但统一战线内部开始出现裂痕，蒋介石已经着手谋划夺权背叛革命，当时中共领导人的陈独秀执行右倾路线，党内同志缺乏警惕。1927 年 4 月 12 日，蒋介石在上海悍然发动了四一二反革命政变，大肆屠杀革命人士。4 月 18 日，他在南京成立"国民政府"，28 日发布秘字第一号令，宣布：

---

① 宋云彬：《鲁迅先生往那里躲》，钟敬文编：《鲁迅在广东》，北新书局 1927 年版，第 47—49 页。

② 鲁迅：《在钟楼上》，《鲁迅全集》第 4 卷，人民文学出版社 2005 年版，第 36 页。

查此次谋逆，实以鲍罗廷、陈独秀、徐谦、邓演达、吴玉章、林祖涵等为罪魁，以及各地共产党首要、次要危险分子，均应从严拿办，着国民革命军总司令、各军长官、各省政府通令所属一体严缉，务获归案重办。[1]

在密令公布的 189 名被通缉的共产党员名单中，宋云彬的名字赫然在列。

此时武汉国民政府首脑汪精卫尚未背叛革命，宋云彬选择由上海赴武汉，继续革命事业。到达武汉后，宋云彬应茅盾邀请到《汉口民国日报》担任编辑，[2] 同时兼任武汉国民政府劳工部秘书。

宋云彬在武汉没待多久，汪精卫就撕下面具，与共产党决裂。宋云彬亲身经历了武汉国民政府的"分共事件"，并留下了自己从武汉虎口脱险经历的真实记录：

……汉口的局势变了，雁冰被迫辞去总编辑职务，我们在前花楼租了一间房子，暂时住下，静观局势的变化。

和我们对面住的是经子渊（亨颐）先生，他是国民党中央委员，又是武汉国民政府的委员，天天出席开会，我们就从他那里打听消息。有一天他开会回来，斟满了两杯"竹叶青"，邀我去跟他对酌（雁冰不会喝酒）。他说："老宋，情形不好，今天汪先生

---

① 中共中央党校中共党史教研室编：《中国国民党史文献选编（1894—1949）》，中共中央党校科研办公室发行，1985 年，第 123—124 页。

② 沈雁冰：《关于汉口〈民国日报〉的一些情况》，中国人民政治协商会议湖北省委员会文史资料研究委员会编：《湖北文史资料》1987 年第 4 辑，第 49 页。

（即汪精卫）特别兴奋，讲了好多话，可是话里含有杀机，我们走罢。"那天他喝了好多酒，连连摇头叹气。过几天，我和雁冰，还有一位姓宋的，一起搭轮到九江，上庐山牯岭去；我们邀经先生一起去，但他摇摇头。

宋云彬和茅盾离开武汉，到了庐山，茅盾以文学翻译度日，虽然宋云彬不懂外语，但两人就保留原作精神的欧化问题有过讨论：

　　……他（指茅盾——引者注）向商务印书馆买了一本英文字典，从事翻译小说，记得那小说的译名是《他们的儿子》（原著者是什么人，我忘了，这本书现在商务［印］书馆还有得卖）。他翻译异常认真，虽不至于"一名之立，旬月踟蹰"，然而于遣辞造句之间，常斟酌再三，一点不肯马虎。有一次他译了两句：
　　那饥寒与贫困，不久就要来的。
　　不久就要来的，那饥寒与贫困。
　　问我："那样译法好？"我说："我不懂外国文，但我觉得后面那一句好，可以不失原文的神情，同时语气也加强了。"他哈哈大笑，说"你说的对"。我们从而谈到白话文中的欧化句法问题。我认为白话文中采用欧化的句法，决不是什么好奇，完全是为了必要。象那后一句，分明是欧化句法，但不如此，就不真切，就失了原作的神情。其实这种句法，不但译出来人家懂，对人口谈，也都可以懂。[1]

---

[1]　宋云彬：《沈雁冰》，《宋云彬文集》第2卷，中华书局2015年版，第629页。

在牯岭待了一段时间后，宋云彬先行乘船奔赴上海。此时的上海是中国的出版业中心，宋云彬经由朋友引介，由商务印书馆馆外编辑做起，慢慢做到开明书店的著名编辑，他终于找到了自己一生的志业所在。

第三章

书林十年

一、入职开明书店

1927 年秋，宋云彬来到上海，据他回忆，党曾要求他回海宁发动农民起义，他考虑到浙江的国民党统治稳固，没有前往，不久他就与党组织失去了联系。[①] 为了谋生，他化名宋佩韦，接受好友吴文祺之邀，担任商务印书馆的馆外编辑，为《资治通鉴》做选注。

对于宋云彬的抉择，友人王凡西有着透彻的分析：

① 据宋云彬 1965 年所填《干部履历表》，中华书局人力资源部藏。

宋云彬是和茅盾一起离开汉口到牯岭，然后独自先回上海的。他当时的心情和想法如何，我不得而知，但从他后来的行动来看，他和茅盾一模一样。因为他的共产主义的思想根底比茅盾浅，他于失败后会更加感到"迷茫"。但由于他性格上那种强烈的反抗性与正义感，他决不会去和破坏革命与屠杀革命者的国民党政权妥协。又由于他从来豁达的气质，我相信他当时虽然也一定"痛心"，但不会像茅盾似的"悲观"。①

宋云彬离开了第一线的斗争，但他对革命同志抱有最大的敬意，是中国共产党坚定的同路人。

1934 年 1 月，他还因曾经的经历被捕入狱。据友人王伯祥日记：

（1934 年 1 月 28 日——引者注，下同）草草晚饭后即睡，乃云彬夫人来告云彬在友人家吃酒被逮，为之大震，竟发热。

（1934 年 1 月 29 日）饭后略能起，终以云彬事未得要领，强起往所中一探之，薄暮乃归。知云彬枉受党事牵累，羁公安局，一时恐难释出也。

（1934 年 1 月 30 日）心念云彬，又涉稼轩，百感交攻，竟不能寐。

（1934 年 2 月 1 日）一则稼轩事萦怀难释，一则云彬无辜被拘，不胜同情弗解耳。

（1934 年 2 月 2 日）归时与丙尊遇于电车中，告云彬已出狱，

---

① 王凡西：《怀念宋云彬与许志行》，政协海宁市文史资料委员会编：《海宁文史资料》第 65 期，1997 年，第 38—39 页。

因与偕往访之。适出就浴，未晤，少坐便返。然此心实引慰多多矣。

（1934 年 2 月 3 日）云彬昨日出狱，今日同人为酾资治酒即其家欢饮，为之压惊。共两席，颇尽兴。[①]

1965 年，宋云彬对此事的回忆则补充了其中细节：

1934 年 1 月间，有一天下午，在上海开明书店编辑部里，忽然碰到了林钧（林钧在武汉政府的劳工部里当过秘书长，我当秘书。这一天，他是到开明书店来找华□生的），其时快下班了，他邀我同去喝酒。他又电话找来了在武汉同事过的徐锦裕、盛□先等，又招来了一个叫朱其华的（朱其华原名朱丛林，是我的小同乡，他跟林钧很熟）。朱其华说过几天要邀大家到他家里吃饭。1 月 28 日，是星期天，我应邀往朱其华家吃午饭，饭后打牌，到下午四时左右，忽然闯进几名警察来，把我和徐锦裕都给抓去了，关押在南市的公安局里。我和徐锦裕都被叫到楼上问过一次话，但他们只问徐锦裕，把我搁在一边（他们问徐的话我没听清楚，因为隔得相当远）。到二月一日，徐锦裕被开释了。下一天，即二月二日下午，我被叫到科里去问话，问了姓名、年龄、籍贯等，就问我是不是共产党，我回说不是。又问我有没有参加闽变（指上年十一月间李济深等在福建组织人民革命政府事）。我回说，我一直在开明书店工作，有每天的签到簿可查。他就

---

① 王伯祥：《王伯祥日记》第 11 册，国家图书馆出版社 2011 年版，第 52—58 页。

说，你今天可以出去了。这样，我就被释放了。[①]

宋云彬本人的正义感，是他编辑生涯的底色。而一定程度上，也正是此点，促成了他入职开明书店。

开明书店由章锡琛于 1926 年 8 月 1 日挂牌成立于上海，原系章锡琛、章锡珊兄弟主持的"兄弟书店"，1928 年增资招股，1929 年正式改组为开明书店股份有限公司。改组后，出版社由章氏兄弟负责经营，以夏丏尊、叶圣陶为首的团队掌握编译方向，丰子恺、顾均正、傅彬然、叶圣陶、徐调孚、贾祖璋等大批五四新文化人均进店工作。因为开明书店编辑所集聚了如此多的文化人，以至于上海报纸呼为"开明派"，叶圣陶对此有过形象说明："开明书店是一些同志的结合体。这所谓同志，并不是信奉什么主义，在主义方面的同志，也不是参加什么党派，在党派方面的同志。只是说我们一些人在意趣上互相理解，在感情上彼此融洽，大家愿意认认真真做一点事，不求名，不图利，却不敢忽略对于社会的贡献：是这么样的同志。这些同志能够读些书，写些文字，又懂得些校对印刷等技术方面的事情，于是相约开起书店来，于是开明书店成立了。"[②] 开明书店坚持在"启蒙"与"生意"之间实现平衡："开明是一个私营的书店，当然要赚钱的，现在叫做讲求经济效益。不赚钱而蚀了本，书店就办不下去，就要关门，还谈得上什么发展。但是开明不光为赚钱。我们有所为有所不为：有所为，就是出书出刊物，一定要考虑如何有益于读者；有所不为，明知对读者没有好处甚至有害的东西，我们一定不出。这样做，现在叫

---

① 据宋云彬 1965 年所填《干部履历表》，中华书局人力资源部藏。

② 叶圣陶：《开明书店二十周年》，《中学生》第 178 期，1946 年 8 月 1 日。

做考虑到社会效益。我们决不为了追求经济效益而不顾社会效益，我们绝不肯辜负读者。"①宋云彬进入开明书店，可以说找到了一个适合发挥自己文史所长，同时又气氛融洽的最佳工作场所。

二、编校《辞通》

国民政府定都南京后，逐渐通过颁布各项政策法律条文，加强思想文化控制。出版业尤其受到了严格限制，为了规避风险，出版业开始调整出版策略，一时之间杂志、翻译作品、丛书、教科书大量印行。在此时期，翻印古书不受审查不用承担政治风险，加之尊孔读经运动预示的可观销售前景，古籍出版相比新思想新文化书籍显得更为有利可图，大小出版社纷纷投入这个以往由旧书业把持的领域。开明书店原是一家主营新思想新文化新文学的出版社，此时也不能自外于出版业的行业趋势，逐步开始拓展运营，朱起凤的《辞通》成为出版社打开古籍市场的第一张名片。

朱起凤（1874—1948），字丹九，浙江海宁人。他出身世家，18岁经过两次岁试，补为廪生，成为生员，此后无意于科举，遂历任各地教员。1895年，外祖吴浚宣出掌海宁安澜书院，赏识他的才能，让他协助批阅学生的策论。一次批阅试卷，学生的"首施两端"，他认为是"首鼠两端"的笔误，给以改正，却不知两种写法均可，因而遭致学生的嘲弄。意外的批注错误让他起意编撰《辞通》，其间经过

---

① 叶圣陶：《开明书店创办六十周年纪念会上的讲话》，《叶圣陶集》第17卷，江苏教育出版社2004年版，第401页。

据其自陈:

> 前清光绪季年,归自秣陵,觊主讲席,月以策论课士。卷中
> 有征用"首施两端"者,以为笔误,辄代更正之。合院大哗,贻
> 书谩骂,乃知事出范史,并以知前此之读书为太疏略也。嗣是用
> 古人札记法,目有所见,辄随手写录,阅时既久,积帙遂多,初
> 名《读书通》,今命曰《辞通》。[①]

朱起凤自此发奋细读古籍,采用古人札记法,从经、史、子、集等
典籍中,大量搜求可通假之双音词,进行整理、考订、辨析,汇集
成册。

朱起凤于 1896 年草创此书,1918 年告成,历时 20 余年,易稿
10 余次,达到 300 万字。但成书以后,却面临出版困难,辗转多家
出版社,均因排印困难、市场不乐观而屡次被拒。其子吴文祺记录过
此书稿从 1918 年到 1928 年的十年间数次寻求出版而不得的情况:

> 一九一八年(民国七年戊午)携稿至沪,托人多方联系出版
> 事。吴兴富商刘承干、仓圣明智大学总管姬觉弥,均愿出资购买
> 著作权,以他们的名义出版,为作者所拒绝。
>
> 中华书局陆费逵,拟影印出版,用晒图纸试印数页,因笔画
> 太细,不甚清晰作罢。
>
> 商务印书馆编译所长高凤谦,因《辞源》出版未久,成本尚

---

① 朱起凤:《自序》,《辞通》,开明书店 1934 年版,第 1—2 页。

未收回，辞不接受。

文明书局经理李子泉愿购版权，因稿费过低，未成。

一九二六年（民国十五年丙寅）五十三岁。文祺任职商务印书馆编译所，复携稿托郑振铎介绍于编译所所长王云五。王因正集中全力印刷《万有文库》，未及翻阅，不到一小时即将原稿退回。

一九二八年（民国十七年戊辰）五十五岁。文祺任商务印书馆馆外编辑（等于现在取计件工资的工作），又托胡适介绍至商务印书馆，这已经是第三次了，仍未被接受。又介绍至中央研究院历史语言研究所，所长傅斯年愿购稿本，不过出版与否，须视经费盈绌以为定。作者不同意。

同年冬天，有许啸天者，私人设立一个国学讲习会，招生学习，约文祺去演讲。演讲中谈及《新读书通》对学习古典文学的用处。许君极重视，因介绍给他的亲戚所设的"群学社"出版，并邀请作者来沪订立合同。后因此书古字太多，排印困难而解约。①

作为朱起凤在米业两等学堂执教时的学生，宋云彬十分了解此书的重要性，1928 年 5 月他发表《介绍一部未出版的伟大辞书——〈读书通〉》向外界推荐此书，在文中他详细介绍了这部书的起因和方法，以实例说明它的内容，并将其与《说文》、《尔雅》、《佩文韵府》、《经籍纂诂》等比较，总结《读书通》的特点为：（1）不取单词，专收两字联绵之词；（2）以音类分部；（3）引证繁博，每一词类之下，至少

---

① 吴文祺：《辞通·重印前言》，《辞通》，上海古籍出版社 1982 年版，第 11—12 页。

引证八九种书籍；（4）加以按语，附以极精确的考证；（5）专收有通借字的词类。他详论《读书通》的文学及考古学价值：

> 中国古代的文学作品如《诗经》等，在现代的眼光看来，也是很有价值的。可惜用字有古今不同，所以现在读起来，有些地方未免佶屈聱牙，若要到普通辞典字书里去查是查不出的。前人虽有许多注解，但多不免附会，朱熹戴"文以载道"的眼镜，往往曲解；毛、郑虽深于训诂，但也不免穿凿附会。所以要明了《诗经》，先须懂得词的意义及古代方言之辗转递变。有了《读书通》，我们读古代的文学作品，可以像读现代书一样的便当了。
>
> 现在再讲到它在考古学上的价值。要考古代的文物制度，与文字是很有关系的，后儒在文字上的发现，可以证明史传的错误，如王国维从龟甲文中发现王恒王亥之名，足以补《世本》、《史记》之未备，是其明证。关于这一类的材料，《读书通》里是很多的。（恕不再举例了，因为太占篇幅，反正举例也举不尽，而且手头没有这本书。）
>
> 考古是很难的，像前面所举戴震考证《尚书》"光被四表"的"光"字，便是一例。《读书通》耗时三十余年，著者的"半生精力，尽被销磨"，其材料的丰富，征引的繁博，论断的精确，真是前无古人！我们有了这部伟大的辞书，于考古上省去不少精力，减去不少困难。以前聪明才智之士，费数年精力犹不能得到者，现在中下之士，但费数分钟光阴，已然焕然冰泮，这不是快事吗？①

---

① 宋云彬：《介绍一部未出版的伟大辞书——〈读书通〉》，《贡献》第 2 卷第 8 期，1928 年 5 月 15 日。

1930 年，开明书店主政者在知悉此工具书后，众议接受出版，尽管财力不太丰裕，且销量难以预料，但出版社仍一次性付与朱起凤 6000 元版权费。

找到了出版社，但《读书通》由手稿出版成书，还有大量的工作要做，因此急需一位文史兼擅，同时又能与朱起凤良好沟通的人来编辑此书，宋云彬无疑是最佳人选。于是 1930 年冬他为开明书店高层所延揽，正式入社工作，主持《读书通》的整理编校。[①]

宋云彬将原书重新改为 24 卷，并定名为《辞通》。所收录的四万余条词目分为数千组，其词目编排的原则是，每组内部由一个常用习见的双音节词语领头，后面附列数量不等的异形别体词。全书袭用清代《佩文韵府》的编排法，按每组领头词语第二个字所属的平水韵 106 韵和平上去入四声依次排列，其余异体别体词则按所出经史子集的次序排列，书前则有《辞通检韵》作为检索。[②]

宋云彬的工作历时四年才完成，他又撰写了《〈辞通〉跋》，记录《辞通》从成书缘由，到寻求出版，再到艰辛编校的整个过程。首先《辞通》成书缘由：

> 二十三年一月，《辞通》植校粗毕，同事章雪村、王伯祥诸先生以余受业于朱先生，知《辞通》成书之经过独详；且三四年来，编次雠对实余一人主其事：今出版有日，不可无一言。爰就记忆所及楼述如下。

----

① 宋京毅、宋京其：《永远的怀念》，《宋云彬日记》下，中华书局 2016 年版，第 1015 页。

② 杨文全：《〈辞通〉的历史贡献及其检讨》，《四川师范学院学报》2002 年第 4 期。

朱先生之撰《辞通》，实始于清光绪二十一年（1907 年）（应为 1895 年——引者注）。越十二年，余始就学于浙江硖石之米业小学，先生任国文教师。余尝于课卷中用三"呜呼"而三易其形体，先生愤然作色，曰："汝知呜呼有十种不同之写法乎？"余瞠目结舌，不知所对。盖先生此时已致力于别体异文之搜集，然犹未暇详考其所以讹变之故也。民国七年，先生始整理积稿，缮写成书，初名《蠡测编》，继又改名《读书通》，其量盖不及今书十之三。

1918 年，朱起凤携书稿来沪寻求出版，辗转于上海各出版社未得到认可，他只得回乡继续修改书稿：

自是先生蛰居乡里，复将古今甲乙各部，朝夕循诵未尝偶辍，见数辞彼此可以通叚者，辄随手记录。六七年来积稿至三尺许，又成续编四十八卷；而每条复详加按语，说明其通、同、误、变之故，精审盖什百于初稿矣。复以前人著作亦有以《读书通》名者，又改称为《新读书通》。

从 1925 年到 1927 年，书稿又多次被推荐给各家出版社，可惜依旧未能成功，一直到 1930 年经由宋云彬介绍给了开明书店：

十九年夏，文祺自厦门假归，搜集各报章杂志关于《读书通》之论著，复自撰一文，列举《新读书通》之特点，并选录《新读书通》若干条，作为提要，写付油印，携十数册来沪。于是徐志摩先生携一册至中华书局，朱宇苍先生携一册至医学书局，余数册置余寓中……未几，徐调孚先生来余寓，余以"提要本"示之，即携一册至开明书店。越三日，徐先生来言，开明颇有意印行，并愿购版权。余大喜，函招先生来沪，不十日即订约让渡。十年来奔走接洽，动受阻难者，今得开明慷然允诺，着手印行，不可谓非快举矣。当徐先生携"提要本"至开明时，夏丏尊、章雪村两先生即有购买版权意；迨先生携原稿来沪，刘大白、林语堂两先生又校读之，皆以为如此巨著，不应任其湮没，而王伯祥、叶圣陶、周予同、郑振铎诸先生复竭力怂恿之，夏、章两先生之意遂决。先生尝为余言，"十年来为此书奔走接洽，撰文介绍，则文祺之功最伟；而诸先生助我张目，使余得亲见此书出版，尤所铭感"云。

宋云彬自己则因此进店担纲编辑：

开明既购得《新读书通》版权，遂商诸先生，改名《辞通》，而倩余当校雠之任。余徇夏丏尊先生之意，复将原书重行编排，改分为二十四卷。头迄安置，颇费周章，每遇疑难，辄商之先生，三四年来，往返函牍，亦既盈尺。去年，周振甫、卢芷芬两先生先后来开明，助余校雠；两先生英年劬学，临事不苟，此书得勊脱误者皆两先生之功。而编制索引，则胡墨林先生用力最勤云。[①]

为了更好地推介《辞通》，出版社还邀请章太炎、胡适、钱玄同、

---

① 宋云彬：《〈辞通〉跋》，《宋云彬文集》第 3 卷，中华书局 2015 年版，第 153—155 页。

刘大白、林语堂、程宗伊、夏丏尊为之作序，预先发表，为出版造势。同时，出版社还通过发售预约来减缓经济压力，首期预约卷一万张两月内即售罄，第二期加印了数万张，仍然供不应求。[①]

1934 年《辞通》排校完毕，分上下册正式出版，其销路大大超乎众人想象，学林对开明书店倍加赞誉，出版社凭借《辞通》一举顺利打入古籍出版领域，宋云彬功不可没。他本人在开明书店编辑岗位日益得心应手，除了撰述文史著作外，还积极配合出版社，编辑出版各种青少年读物。

三、笔耕不辍

开明书店创办之初，是一家发售新文化新思想书籍的出版社，改组为有限公司后，开拓业务，于 20 世纪 30 年代发展为大型综合出版社，与商务印书馆、中华书局、大东书局、世界书局并列，被誉为"商中大世开"书业五巨头。[②]开明书店将服务对象明确定义为中等教育程度的读者：

> 我们把我们的读者群规定为中等教育程度的青年，出版一些书刊，最大部分是存心奉献给他们的。这与我们的学识修养和教育见解都有关系。我们自问并无专家之学，不过有些够得上水准

---

① 吴文祺：《〈辞通〉与开明书店》，中国出版工作者协会编：《我与开明》，中国青年出版社 1985 年版，第 215 页。

② 朱联保：《漫谈旧上海图书出版业》，《出版与发行》1986 年第 5 期。

的常识，编选些普通书刊，似乎还能胜任愉快。这是一层。我们看出现在的新教育承接着旧教育的传统，而新教育承接着旧教育的传统是没有效果的。我们也知道教育不是孤立的事项，要改革教育必须其他种种方面都改革，但是改革教育的意识不能不从早唤起，改革教育的工具不能不从早预备。这又是一层。①

宋云彬在入店工作后，除了致力于古籍整理外，同样听从将令，和开明同事一道编辑了大量青少年教材及教辅读物。

开明书店曾有开办函授学校的举动，据章克标回忆："开明书店章锡琛、夏丏尊等人，早有办函授学校的意思，到一九三三年正式开办。校名是'上海市私立开明函授学校'，地址是上海兆丰路 183 号（开明书店编辑部所在地）。"函授学校后来由于实际困难被迫停办，开明书店则将任课老师的讲义汇集出版，共推出了 13 种教材。②宋云彬在函授学校负责国文和历史的教学，因此他与夏丏尊、叶圣陶、陈望道合编《开明国文讲义》，又与王钟麒（王伯祥）合编了《开明中国历史讲义》。

除了编写讲义外，宋云彬还发挥自己的文史特长，为《开明活叶文选》编选注释。"活叶文选"是开明书店首创，它编选古今名文，分段标点，以活叶的形式向外售卖，是出版社创办后得以迅速立足书林的招牌产品。③为了便于读者自修，开明书店随后推出了 10 册《开

① 叶圣陶：《开明书店二十周年》，《中学生》第 178 期，1946 年 8 月 1 日。
② 章克标：《开明函授学校简述》，中国出版工作者协会编：《我与开明》，中国青年出版社 1985 年版，第 247—251 页。
③ 章锡珊：《开明活叶文选》，中国图书发行公司管理处编印：《发行工作》第 1 卷第 2 期，1951 年。

明活叶文选注释》，宋云彬与张同光、蒋伯潜、韩楚原、王伯祥、周振甫等担任注释工作。据其时的《申报》广告，可见其大概：

> 本店为采用《开明活叶文选》者便利起见，特请张同光、宋云彬两先生，将印成各篇加以最详细最正确之注释，每篇首题解，次作者及译者述略，再次正文注释，一字一典，必详其音义，究其来历，无稍含胡。如第一篇《驳建立孔教议》正文不满二千五百字，注释至万二千数百字之多，其博瞻可见。盖注者之意，务使教者、学者，不必翻寻其他参考书工具书，即可获得丰富之见识，确当之理解。与他种潦草从事，敷衍塞责，错误百出之注释，完全不同，节省教学者之时间精力，盖无限量。第一册现已出版，计三百余页，售价低廉，二、三册续出。——第一册实价大洋一元。①

从《开明活叶文选注释·凡例》中则可以看到其注释的严谨：

> 一、本书排印，系按着手注释之先后为序。但每篇仍列原有号码，以便检查。
>
> 一、本书每篇分"题解""作者述略""注释"三项。如系译文，则于"作者述略"之后，另列"译者述略"一项。
>
> 一、本书为谋教师讲解及学生自修之便利，解释务求详明，引证不厌繁博。于每条注释之下，皆说明出于某书某篇，以便检对。

---

① 《开明文选注释》，《申报》1931 年 8 月 31 日。

一、本书于古地名则注今为何地；人名之见于史传者则注见某史第几卷；年号则注公元若干年；生僻之字，则加注国音字母；译名则附注原文。

一、古书异释纷如，本书从其说之较长者，或并列数说，以资参证。

一、凡已见前注之条目，但注见前某篇注，以避重复。

一、注者闻见有限，错误在所难免，尚望读者随时指示，以便改正。[①]

上述工作让宋云彬运用深入浅出的文笔向青少年读者传授知识，并积累了丰富的教材编写经验，这些都在他将来的岁月中派上了大用场。

除了教材外，宋云彬还为青少年撰述普及型文史读物，包括《西厢记》、《王阳明》、《陶渊明》、《玄武门之变》等。宋云彬作为文史大家，加以文笔出众，他的这一系列著述得到了好评。例如郑振铎曾极力称道《玄武门之变》的历史意义：

中国的历史一向是蒙着一层厚幕或戴着一具假面具的。所谓文学侍从之臣，秉承着"今上皇帝"的意旨，任意的删改着文献，颠倒了是非。不要说关于老百姓们的事他们是往往抹煞真相，就是关于他们王家贵族，以及士绅阶级的事也往往在粪墙上乱涂白粉，只求表面好看。当异族的帝王们统治中国的时候，这一套的

---

① 张同光、宋云彬注释：《开明活叶文选注释·凡例》第1册，开明书店1933年版，第1页。

把戏便立刻也学会了。他们也要利用着改造过的历史来消灭我们民族的反抗意识，来稳固他们的统治基础……现在云彬的这部历史故事集《玄武门之变》，却在多方面的剥落他们的假面具，而显示出他们的真面目来。这对于初读历史的人会大有帮助的。初学者也许不至再受文学侍从之臣们的骗了。叙写的活泼生动，尤足令读者欢喜赞叹。在读之惟恐其尽的情绪之下，我还要求云彬再继续的多量的写。在揭发帝王们的丑相之外，我更希望多写些民间生活的故事。①

茅盾对该书同样非常认可，他从文学的角度谈到了《玄武门之变》的价值：

用历史事实为题材的文学作品，自"五四"以来，已有了新的发展。鲁迅先生是这一方面的伟大的开拓者和成功者。……

另有作者，则思忠于事实。务要爬罗剔抉，显幽阐微，还古人古事一个本来面目。这也是脚踏实地的办法。这在艺术的能动的作用上，自然差些，但作为青年认识古人古事之一助，却是有它的站得稳的立场的。宋云彬先生的这一册短篇集，就是在这方面努力的结果。

作者用力之勤，以及态度的谨严，到处可见。这里十六篇，都是为《新少年》半月刊写的，因刊物的读者对象的关系，故事的形式和内容都务求平易；然而却并不空洞。《新少年》的读者

---

① 郑振铎：《序》，宋云彬：《玄武门之变》，开明书店 1946 年版，第 1—2 页。

在历史教科书上知有"禅让"，有"变法"……等等，然而所得的观念总不免模糊，读了这里的故事，他们至少可以多明白一点。所以也许有人将因其平易而忽视之，但我以为这在少年读者中自有其被爱好的理由的。

我尤其喜欢的，是《两同学》、《刘太公》、《玄武门之变》等篇。我希望云彬先生再多写些，将历史上所有重要的古人古事都还它一个本来面目（虽然只能做到比较近于本来），并且扩充而成为一部故事体的中国史，那正是我们目前很需要的工作。[1]

最能体现宋云彬功力的是洁本《水浒》的编写。开明书店为了向少儿推广古典文学著作，计划推出一系列的删节版本，最后由于各方面原因只发行了茅盾删改的《红楼梦》、周振甫删改的《三国演义》和宋云彬删改的《水浒》。洁本《水浒》是最早推出的，宋云彬在导言中详细地说明了自己删改的根据和标准，值得再次引用，为今天的编辑所参考：

这部"洁本《水浒》传"是根据金圣叹批改的"七十回本"加以删剔而成的。为什么取这一个本子？我们觉得《水浒传》经过许多人的改编，愈改编愈进步。金圣叹本来是有文学天才的人，他把《水浒》删剩七十回，梁山泊大聚义后，就戛然而止，这是何等高妙的文学技术！梁山泊大聚义是梁山泊的全盛时代。以后宋江等受招安，全伙英雄一个个都遭杀害，不但作者的精神

---

[1]　茅盾：《序》，宋云彬：《玄武门之变》，开明书店1946年版，第3—5页。

不象前七十回那么贯注，就是故事的本身也没有以前那么生动了。所以我们不选取什么"古本""孤本"，而拿这最通行的"金批七十回本"来加以删剟。

在动手删剟之前，我们先定下一个标准：凡涉于神怪的，秽亵的和一切浮词泛语都在删剟之列。此外有些不关紧要的故事，如"鲁智深大闹桃花村""鲁智深火烧瓦官寺""武行者夜走蜈蚣岭"等，都全部删去。又如原书写林冲接管草料场，因天下大雪，到外边去沽酒取暖，回来时两间草屋已被雪压倒，作者便加上这么几句："原来天理昭然，保佑善人义士，因这场大雪，救了林冲的性命。"象这类因果报应之谈，我们都把它删去。又本书末了写卢俊义做一个梦，梦见梁山泊好汉全部被张叔夜绑缚，要在堂下草里一齐处斩。卢俊义吓得魂不附体，微微闪开眼看堂上时，却有一个牌额，大书"天下太平"四个青字。这一段是金圣叹有意添加进去的：他自己生在明朝末年，眼见盗贼遍天下，所以梦想有一个英雄来收服这些草寇。这种思想，实在迂腐得可以，我们就老实把它一笔勾消。

删剟的标准如是，但却有例外：如戴宗作起"神行法"，一天能行八百里；我们如果依照所定标准把这类神怪的话删去，则全部《水浒传》便有许多地方不能连贯起来。又如宋江得天书及发见题着一百八人的姓名的石碣，虽都属于神怪的一类，但这明明是宋江吴用在那里捣鬼，想借此以欺骗其他的头领的，我们也就不把它删去。我们觉得从古以来，不论其为盗魁其为帝王，都要有一点作伪的本领才行。就拿中兴汉室的刘秀来讲罢：他在昆阳打了胜仗，还不敢公然称帝，等到他的同学强华送了"赤伏符"

来，才举行即位大典。试问赤伏符和天书有什么两样？①

从导言可见，宋云彬在删改《水浒》时，既坚持标准，又有灵活处理。该洁本《水浒》得到了读者的认可，1935年7月发行初版，1949年7月发行第五版，1951年9月发行第六版，发行量达12000册。②

除上述工作以外，宋云彬还继续自己时论文章的写作。他此类文章集中发表在当时最大的学生类刊物开明书店的《中学生》上。

开明书店以中等教育程度读者为对象，而当时每家出版社都需要一本杂志，因为"办一个书店，总得有个杂志撑撑门面，或者藉此登登广告"③。开明书店的《中学生》于1930年1月正式创刊，夏丏尊撰写的《发刊辞》如下：

> 中等教育为高等教育的预备，同时又为初等教育的延长，本身原已够复杂了。自学制改革以后，中学含义更广，于是遂愈增加复杂性。
>
> 合数十万年龄悬殊趋向各异的男女青年于含混的"中学生"一名词之下，而除学校本身以外，未闻有人从旁关心于其近况与前途，一任其彷徨于纷叉的歧路，饥渴于寥廓的荒原，这不可谓非国内的一件怪事和憾事了。
>
> 我们是有感于此而奋起的。愿借本志对全国数十万的中学生

---

① 宋云彬：《洁本〈水浒〉导言》，《宋云彬文集》第3卷，中华书局2015年版，第162—163页。

② 据《洁本〈水浒〉》上册开明书店1951年版之版权信息。

③ 憬深（赵景深）：《十七年度中国文坛之回顾》，《申报·艺术界》1929年1月6日。

诸君，有所贡献。本志的使命是：替中学生诸君补校课的不足；供给多方的趣味与知识；指导前途；解答疑问；且作便利的发表机关。

啼声新试，头角何如？今当诞生之辰，敢望大家乐予养护，给以祝福！①

《中学生》的发行适逢其时，加之目标准确，创刊号两万册销售一空迅即再版，②以后各期发行量都稳定在一万份，打破了同类杂志销行纪录。南京国民政府教育部特批令嘉奖"内容丰富，且适合中学生程度"，将其选入中学阅读参考图书。③来自市场和官方的双重肯定，使《中学生》一跃成为学生杂志头牌。

宋云彬加盟开明书店后，就成为《中学生》的重要作者。他的文章侧重于介绍文史知识，同时还根据时事撰写评论文章，其中鲁迅逝世后他为青年读者撰写的文章尤值一提。

1936 年 10 月 19 日鲁迅先生逝世，当时《中学生》第 69 期已经排版完成，杂志来不及做出调整，但编辑部还是做出预告："本志这一期编辑将完毕的时候，忽然接到鲁迅先生的噩耗。这位思想家、文学家不仅受国人的推崇，就是别国人士也钦敬着他。他的逝世激动了世界各地人的心，将同高尔基逝世当时一个样子。本志特在'卷头言'栏内刊载一篇文字，表示敬意。另外又有一篇文字，记述他逝世的前后，并由社员照了一些相片作为插图。下一期我们再请宋云彬先

---

① 夏丏尊：《发刊辞》，《中学生》第 1 期，1930 年 1 月 1 日。

② 顾均正：《〈中学生〉是怎样创刊的》，《中学生》第 200 期，1948 年 7 月 1 日。

③ 《教育部嘉奖〈中学生〉杂志》，《申报》1934 年 2 月 21 日。

生做一篇解释他思想的长文，使哀悼鲁迅先生的读者诸君可得深切的印象。"①

虽然是时隔《鲁迅先生往那里躲》数年以后的再次动笔，但宋云彬不负众望，以《鲁迅》一文对鲁迅的创作和思想历程做了高度的综述。宋云彬结合鲁迅作品分析认为，五四时期的鲁迅属于"反国故派"的队伍，"举起他的'投枪'，来参加'反封建'的意识形态的斗争"。而在从"五四"到"五卅"中国思想界的第二次的分裂中，鲁迅"是站在革命的小资产阶级方面而向'新的反动思想'，作韧性的斗争的"，可惜起初鲁迅未能"跑到工农民众的阵营里去"，"他也没有真正的决心走上革命的大道"，所以，"他的投枪只能制过去的陈源教授及当时的'新月派'的'正人君子'们的死命，在进步的革命青年面前就失却效用了"。后来鲁迅加入左联后"跨进他一生的最光荣的阶段"，"从此以后，鲁迅就站在劳苦大众方面，时时举起他的有力的投枪，向着劳苦大众的敌人——从统治者到洋场才子及帮闲文人等等——'偏侧一掷，却正中了他们的心窝'"。宋云彬最后感叹鲁迅的病逝，"'大哉死乎！'鲁迅因了'死'而得到长期的休息，中国民族——不，全世界被压迫的劳苦大众却蒙了莫大的损失"②。宋云彬的文章唤起了小读者的情感共鸣，而他对鲁迅精神的深切体认在随后的岁月中得到更进一步的体现。

宋云彬在开明书店的工作正如叶圣陶所谓的"胜任愉快"。1936年开明书店创办10周年之际，开明同人集体在《申报》发表文章以示庆祝。宋云彬也从自己的角度写了一篇《不预备赚钱的出版计划》

----

① 《编辑后记》，《中学生》第 69 期，1936 年 11 月 1 日。
② 宋云彬：《鲁迅》，《中学生》第 70 期，1936 年 12 月 1 日。

建言献策：

> 因为自己在开明书店里办事，似乎不好意思说恭维话，但有一点值得特别提出来一说的，就是：开明书店的出版计划，有时候确乎不专在"赚钱"这一点上着想的，例如，《辞通》，廿五史及补编，《六十种曲》的印行，当计划出版时，就不曾计算到要赚钱。我希望开明书店能够前进一步，出版些大规模的社会科学丛书之类；但，这要看社会环境如何而定，现在似乎还谈不到这种计划罢。①

正如宋云彬最后所言"要看社会环境如何而定"，一年后日本悍然发动了全面侵华战争，整个中国随之风云突变，宋云彬毅然离开书斋，投入到抗日洪流之中。

---

① 宋云彬：《不预备赚钱的出版计划》，《申报》1936 年 8 月 1 日。

第四章

文化抗战

一、创办大路书店

1937 年 7 月 7 日，日本军队炮击驻守在卢沟桥附近的中国守军，中国守军奋起反击，全国抗日战争爆发。早在日本对华侵略步步进逼之时，宋云彬就于 1936 年加入了上海文化界救国会，这是他自四一二政变后时隔 10 年再次投身社会政治活动。[①]

他回忆过八一三淞沪会战前后自己加入抗日救亡运动的情形：

[①] 据宋云彬 1965 年所填《干部履历表》，中华书局人力资源部藏。

　　"八一三"的前几天，我参加过一个群众大会。那个大会是为欢迎新出狱的沈钧儒等七位先生和新回国的郭沫若先生而开的。沈老先生我在上海是见到过几次的；沫若先生则自一九二七年后就没有机会见到，那一天他春风满面，高坐台上，看过去似乎年青得很，使我立刻想起十年前他在汉口大智门车站，血花世界，直起喉咙高喊打倒帝国主义时的情景，仿佛是昨天的事情。我疑心在做梦。主席宣布散会时，量才补习学校的学生突然高声齐唱《义勇军进行曲》，群众属而和者数百人，我感动，感动得几乎要下泪。可怜我自一九二七年以后就没有参加过群众大会，什么事都打不起精神来，除了愤慨以外（如果连愤慨都没有了的话，那是完啦）。参加过这次大会，我又振作精神来了，说得夸张一点，我是更生了。

　　这天晚上，没有好好儿睡着，我记得。

　　不久，风声愈来愈紧，我的寓所不幸又在狄司威路，邻居都纷纷搬家，我却没有心情去专门考虑搬家的事情。我常常念着"小记者"在《立报》副刊上所写的诗句："果真有这么一天，一切牺牲都情愿。"因此，一直到"八一三"的上一天，才动手搬家，匆匆间竟连费两年功夫做成的一箱"子书索引"的原稿，都忘记带走。然而我并不后悔，"一切牺牲都情愿"，何况这一点点。

　　"八一三"炮声响了，那真兴奋！可惜没有把那时的心情用文字记下来，现在无从追摄了。只记得为要找所谓救亡工作做，东跑西走三四天，后来找到一位负责宣传的周君，他答应派我担任无线电台广播，要我把寓所的电话号码抄给他，一二天内定有确切回音云云，但结果是石沉大海，没有办法，只好回故乡去。

后来故乡沦陷辗转到了汉口，总算在沫若先生主持的军委会政治部第三厅服务了好几个月。①

　　虽然身处上海的开明人对日军的暴行极为愤慨，但他们对国民政府的抗战决心不抱希望，也对日本的企图缺乏清醒判断。夏丏尊在七七事变后，对宋云彬私下感慨："你是喜欢搞历史的，试问中国近百年来有过真正的对外战争吗？仗是打不下去的，打不长久的！"② 作为经理的章锡琛按照以往经验视租界为安全地带，以为即使打仗也不会波及到租界。因此对于一触即发的战争，开明上下完全没有做任何的准备。

　　1937 年 8 月 13 日，日军突袭闸北中国守军，淞沪会战正式爆发。开明书店管理层被迫做出放假并疏散人员的安排以做应对："十二时归饭，仲盐亦自梧厂返，盖美成已作结束，无法开工也。饭后，复往福店，则琛、洗、珊已定有办法：自明日起放假一星期，提前发付八月上半薪，惟应得薪水在廿五元以上者一律发廿五元。除梧厂留守人员外，福店每部分酌留一二人，余均在假，且得返里。盖银行已悬牌暂停，金融无法周转，不得不分别遣留耳。"③8 月下旬，开明书店设在梧州路的经理室、编译所、货栈以及美成印刷厂被日军炮火击毁，资产损失百分之八十以上，仅余福州路门市部和外省的几间分店尚存，出版社一时无法恢复，大部分出版社员工只得纷纷离开上海。

　　宋云彬回到硖石后，积极参加当地的各种救亡运动，引导青年

---

① 宋云彬：《"八一三"的前几天》，《十日文萃》新 1 卷第 4—5 合期，1940 年 8 月 12 日。
② 宋云彬：《宋云彬杂文集》，生活·读书·新知三联书店 1985 年版，第 482 页。
③ 王伯祥：《王伯祥日记》第 14 册，国家图书馆出版社 2011 年版，第 243 页。

人走上抗日道路。但不久硖石沦陷，宋云彬携家人辗转到了湖南衡山，投靠在此地工作的女婿女儿。此时刚出狱居无定所的王凡西应宋云彬之邀到衡山与宋家一起小住了一段时间，据王凡西回忆："衡山半月，生活过得并不宽裕，但精神上，至少在我这方面，是万分欢喜的。云彬和我谈得不少，主要谈的是关于抗战的政策和前途。关于中共对国民党的态度，他与我的分歧很大：我认为它太右，很可能重蹈第二次革命中的覆辙。云彬则完全拥护中共的新路线，对延安和毛怀有无上敬意。他当时是否已经参加民主党派的组织，我不问，他也不说。不过他积极再度投入政治斗争的决心，那时表现得非常明确。"①

宋云彬在衡山没有居住太久，很快就接到了郭沫若邀请到武汉加入第三厅的信函。抗日战争爆发后，国共两党开始第二次合作。国民政府于 1938 年 1 月在武汉改组军事委员会，下设军令、军政、军训、政治四部。其中，政治部部长为国民党的陈诚，副部长为周恩来。1938 年 4 月，政治部第三厅成立，郭沫若任厅长，范寿康、范扬任副厅长，阳翰笙任主任秘书。第三厅的职责是负责宣传，下设第五处、第六处和第七处三处，分别负责一般宣传、艺术宣传和国际宣传。第五处由救国会负责，他们派出胡愈之担任处长。②郭沫若作为彼时的文坛祭酒，广招各地文化人士一道参与文化抗战事业，而第五处处长胡愈之与宋云彬关系熟稔，1938 年 4 月 29 日，宋云彬受邀正

---

① 王凡西：《怀念宋云彬与许志行》，政协海宁市文史资料委员会编：《海宁文史资料》第 65 期，1997 年，第 41 页。

② 参见阳翰笙：《第三厅——国民党抗日民族统一战线的一个战斗堡垒》一，《新文学史料》1980 年第 4 期；《第三厅——国民党抗日民族统一战线的一个战斗堡垒》三，《新文学史料》1981 年第 2 期。

式加入第三厅第五处，为抗战宣传贡献自己的力量。①

1938 年 3 月 27 日，中华全国文艺界抗敌协会在汉口成立，该协会号召全国文艺工作者"我们应该把分散的各个战友的力量，团结起来，像前线将士用他们的枪一样，用我们的笔，来发动民众，捍卫祖国，粉碎寇敌，争取胜利。民族的命运，也将是文艺的命运，使我们的文艺战士能发挥最大的力量，把中华民族文艺伟大的光芒，照彻于全世界，照彻于全人类，这任务乃在我们全中国从事文艺工作友人们的肩上。我们大声呼号，希望大家来竖起这面中华全国文艺界抗敌协会的大旗！"宋云彬不仅是文协的发起人之一，还担任了会刊《抗战文艺》的编委。②

宋云彬以实际行动支持着文协的工作，积极发表各类鼓励民众积极抗战的文章。1939 年，曾经的新文化领袖周作人落水，一时之间在文化界引起激烈讨论，宋云彬为此专门写了《呵周》，揭穿周作人标榜"言志"文学背后却已沦为汉奸的事实。

公务以外，宋云彬在武汉时期最大的变化是成了一名"出版人"。1938 年 2 月，他在汉口联合志同道合的人发起成立了大路书店。《大路书店始业宣言》如下：

因抗战局势的展开，武汉已成了全国文化的重心，抗战读物如雨后春笋般滋生着。同人等不自量力，也想在这伟大的时代和地域里尽一分供给精神食粮的责任，特组织大路书店。我们首先感觉到为未来新中国主人公的少年们的精神食粮的缺乏，特刊行

① 宋云彬：《宋云彬日记》上，中华书局 2016 年版，第 39 页。
② 《中华全国文艺界抗敌协会发起旨趣》，《文艺月刊》第 9 期，1938 年 4 月 1 日。

《少年先锋》半月刊，供输少年们以抗战救亡的正确言论和必需知识。同时，我们愿竭尽棉（绵）薄，出版各种抗战救亡的读物。我们不求"量"的繁多，但求"质"的充实，决不粗制滥造，以自欺欺人：这一点，我们愿奉为坚守不渝的信条。希望文化界先进及广大的读者们，给我们以热情的援助和指导！①

大路书店以出版各类抗战读物为主营方向，其中最重要的是为教育战时儿童而发行的半月刊《少年先锋》。《少年先锋》由宋云彬和茅盾、楼适夷、叶圣陶四人担任主编，每期封面、目录都以特别字体标明"供给少年们抗战救亡知识的半月刊"，以此彰显刊物性质。它的栏目设置充分配合抗战需要，"时事讲解"给小读者讲解战争发展形势，"社会科学讲话"分析各种战争名词，"抗战中的少年先锋队"宣传全国各地少儿的抗战事迹，"信箱"则积极与读者对话，吸收他们对杂志所提各类改进意见。同时，《少年先锋》还约请到郭沫若、丁玲、王鲁彦、田间、艾青、胡愈之、夏衍、端木蕻良、张天翼、萧军、萧红、谢冰莹、罗烽、丰子恺等六十多名文艺界知名人士担任特约撰稿人，刊载他们创作的各种作品。《少年先锋》为了鼓励小读者，还注意与音乐家合作，以音乐传播抗战必胜的信念，每期都刊登新的歌曲，包括萧英作词、坚励作曲的《飞将军》，丰子恺词、肖而化曲的《庆祝胜利》，叶圣陶作词的《少年先锋队》，吕璧如、联杭的《中国儿童》等等。② 当时开明书店的《中学生》、《开明少年》等同类杂

① 《大路书店始业宣言》，《少年先锋》创刊号，1938 年 2 月 20 日。
② 参见张香还：《为了未来的一代——抗战初期的〈少年先锋〉》，《儿童文学研究》第 10 辑，1982 年。

志业已停刊，《少年先锋》是最早的因应战时变化而创刊的面向小读者的期刊，它满足了战时少年儿童对知识的需求，得到了少年儿童读者的欢迎。

随着抗战局势日渐紧张，武汉面临危险，大路书店对外宣布迁移，无形歇业，依托于出版社的《少年先锋》被迫停刊：

《少年先锋》已经出版到十二期，时间是整整地（的）半年。这半年中，前线士兵光荣的战绩和后方民众艰苦奋斗的情况，在薄薄的十二册《少年先锋》里只留着一鳞一爪，但《少年先锋》所给予战时少年们的贡献，无疑地将在全部战时文化史中占着相当的地位，虽然所贡献的只是那么一点点。

现在《少年先锋》受着种种条件上的限制，不能继续在汉口出版了！

所谓条件上的限制，一半是印刷，一半是经济。因为自我军退出徐州以来，武汉较大的几家印刷所，都搬走了，承印《少年先锋》这家印刷所，生意太好，常常无暇顾及《少年先锋》的排印，近几期的误期出版，就是因为这个缘故；别的印刷所也同样的生意太好，毫无办法可以承受排印。第二个原因，因为徐州陷后，《少年先锋》便有许多地方不能寄发，销路大为减少，销路减少成本就跟着加重；最近两个月来，大路书店为了印行《少年先锋》，每月赔贴到数百元，大路书店没有雄厚的资本，势不能长受赔累，而我们自己一时也没有力量来维持这个刊物，除了暂时停刊，还有什么办法呢？

《少年先锋》已经有了广大的读者，国外如南洋群岛，国内如云贵西康等边陲，都有它的长期订阅的定（订）户，不知有多少热情的少年们在期待它能够跟中国的抗战局面一样——长期的艰苦的继续下去，然而它竟在这时候宣告了无法继续出版，这是多么令人失望的事！但事实逼使它不能不停刊，这有什么办法呢？

我们感谢爱护《少年先锋》的成千上万的读者们；我们感谢这半年来替《少年先锋》写文章的先生们。我们希望还能够找取一个适当的时地来使《少年先锋》复刊；同时还希望能够有和《少年先锋》同性质的刊物出现，不至因为《少年先锋》的停刊而使全国找不出一种适当的供给少年们阅读的定期刊物。

亲爱的读者们！我们虽然暂时告别，但我们在精神上是永远联系着的。敬祝诸位健康，愉快，努力，奋斗！①

虽然大路书店和《少年先锋》因为战争原因被迫关停，但宋云彬积累了丰富的出版及办刊经验，这些都在他在桂林的工作中派上大用场。

二、助力《中学生》复刊

在 1938 年 10 月 25 日武汉被日军攻占前，政治部撤退到桂林，成立了桂林行营政治部，又从一、二、三各厅抽调人员组成三个科，

---

① 记者：《告别辞》，《少年先锋》第 12 期，1938 年 8 月 5 日。

其中第三科负责宣传，由张志让任科长。[①] 宋云彬随政治部三厅第五处人员撤退到广西桂林，进入第三科，一直工作至 1939 年 6 月。[②]

从 1938 年 12 月 18 日起，宋云彬开始记日记，并"于此立愿，愿无间断"。在其日记中，频见日机来袭而躲警报的记载，并留下了日本侵略罪行的真实记录："（1938 年 12 月 24 日）与朱光暄偕往新知书店，访华应申，为崇德书店介绍批购书报。即与光暄在附近味腴川菜馆午餐，闻警报，吐哺而走，避郊外山洞中。敌机在市区狂炸，有数处起火。一时余，警报解除，返桂林中学（政治部驻桂办事处），惊悉同事张曙在其寓所被炸死，其爱子亦罹难，其夫人以外出幸免，孑然一身，悲痛欲绝。"

除了躲警报外，就是每日处理繁忙的公务，从下列摘录的 12 月日记可见：

> （1938 年 12 月 18 日——引者注，下同）上午八时半出席政治部驻桂办事处第三组会议。讨论参加筹备庆祝元旦事。……夜校蒋委员长《告全国国民书》，毕。
>
> （1938 年 12 月 19 日）上午办公文两件。午与鲁彦、舒群、巴金、杨朔、张铁弦、丽尼在桂南酒家午餐，商讨出版文艺综合半月刊，定名为《一九三九年》，拟于明年一月五日出创刊号。
>
> （1938 年 12 月 20 日）上午拟征文信稿一。……覆（复）校蒋委员长《告全国国民书》。……

---

① 阳翰笙：《第三厅——国民党抗日民族统一战线的一个战斗堡垒》三，《新文学史料》1981 年第 2 期。

② 据宋云彬 1965 年所填《干部履历表》，中华书局人力资源部藏。

（1938年12月21日）上午办公文两件。午后头痛大作。

（1938年12月22日）今日向办事处请假休养。

（1938年12月23日）下午，去办事处销假。……访《扫荡报》编辑主任，商谈元旦日编印特刊事，由副刊编辑钟期森接见，允让半版地位。

（1938年12月24日）三时半，行营政治部鲁主任召集同人训话，颇恳切。五时，第三组组长张志让召集本组同志开会，讨论工作进行办法。……明日起，行营政治部开始办公，每日工作七小时，上午八时起至十一时半止，下午一时半起至五时止，张组长叮嘱再三，须准时签到。

（1938年12月25日）上午八时，赴西南行营政治部签到，开始办公。军委会政治部驻桂办事处尚未结束，须彼此兼顾，甚感麻烦。……夜，赴《扫荡报》社代"广西各界庆祝元旦大会筹备会宣传部"接洽于明年元旦在该报附印特刊事，该报前只允让半版地位，经与商谈结果，允让出全版地位，惟须于本月二十八日以前缴稿。

（1938年12月26日）早六时起床，天犹未明，因今日七时半须在行营政治部集合，出席纪念周也。纪念周于八时开始，九时完毕。午后在办事处，拟新闻稿一，信稿一。

（1938年12月27日）上午拟工作日记簿式样，排定第三组值日官名单。……二时，去省党部，晤黎展材，商谈"纪念元旦慰劳伤兵特刊"集稿事。五时，去办事处，出席"前敌士兵编辑委员会"临时会议。夜撰宣传文件一，题为《二期抗战中的元旦》，约千余言，代白主任作。

（1938 年 12 月 28 日）上午编辑《元旦》特刊。下午，整理会议记录。其他琐碎事甚多，栗六终日。……赴《广西日报》社，晤编辑莫、沈二君，赴《扫荡报》社，晤编辑钟君，皆为接洽《元旦特刊》事。

（1938 年 12 月 29 日）至《广西日报》、《扫荡报》接洽元旦特刊事，返寓已十一时矣。

（1938 年 12 月 30 日）夜九时赴《广西日报》校特刊，至晨一时方竣事，又送白主任《元旦告军民书》至《扫荡报》，归寓已二时矣。

（1938 年 12 月 31 日）上午十时往《扫荡报》社访钟期森。校白主任《元旦告军民书》毕。午后二时，再至《扫荡报》社访钟期森，为元旦特刊事。至桂南路照相一张。办公事一件。[1]

第三科是负责宣传的机构，在其中工作的人员多为文艺界人士，彼此之间关系融洽，对党派之事大多不甚关注，但到了 1939 年 5 月 25 日，西南行营政治部为了加强控制，发布通报，要求所有政工人员必须加入国民党，拒绝者必须说明理由。宋云彬思考再三拒绝加入国民党，其 26 日日记留下了此事的珍贵记录：

昨晚为入党问题，详加考虑，决拒绝申请入党，并说明理由云："余向未加入何种党派。犹忆民十三国民党改组，友人沈剑侯自粤返，衔命组浙江省党部，讽余入党，愿任绍介。余谓入党

---

① 宋云彬：《宋云彬日记》上，中华书局 2016 年版，第 3—7 页。

犹之处子适人，一朝加盟，终身以之，非审思熟虑不可也。剑侯深以为然，不复相强。厥后余入书肆为编辑，日埋头故纸堆中，于政治雅少兴趣，入党之事，遂亦淡焉忘之。'八一三'沪战骤起，仓皇反乡里，故乡陷，辗转至汉皋，得友人之介，入军委会政治部任事，去年冬，又奉派来本部，以迄于今。最近奉命，政工人员一律申请入党。自惟才短，于分内事尚感不能应付，若更加以党内工作，势必捉襟见肘，用是踌躇，未敢遽奉命。然余非不愿入党也；余今之主张犹与十年前同，以为入党犹之处子适人，一朝加盟，终身以之，非审思熟虑不可。若在至短促之期限内贸然加盟，于己于党皆失之轻率。语有之，'靡不有初，鲜克有终'，正以举事之初，未能详思熟虑耳。余雅不愿以至郑重之事而轻率出之。敢请稍加时日，俾得从容筹虑。谨按通告第二项'不申请入党须说明理由'之规定，申明理由如上。"[1]

宋云彬拒绝加入国民党，政治部随后意欲将他调入重庆总部工作，此时胡愈之正在筹备创办出版社，向他发出了邀请，宋云彬应允加入担任编辑，正式脱离了政治部。

第三科工作期间，宋云彬还有一项重要的工作是协助《中学生》复刊。开明书店在淞沪会战中遭遇重创，《中学生》被迫停刊。茅盾、楼适夷、叶圣陶、宋云彬在汉口创刊的《少年先锋》弥补了这一空缺，担负起予以青少年战时教育的责任。但后者很快因战事停办，广大的青少年读者缺少读物，复刊《中学生》势所必行，而宋云彬和桂林的

---

① 宋云彬：《宋云彬日记》上，中华书局 2016 年版，第 44—45 页。

朋友一起为此出力甚多。

宋云彬 1939 年 3 月的日记对《中学生》的复刊有详尽记录：

> （1939 年 3 月 11 日——引者注，下同）晚八时鲁彦、锡光偕同章雪山来，谈甚快。雪山主张恢复开明之《中学生》，余表示赞成，但无适当编辑人。
>
> （1939 年 3 月 13 日）又致彬然函，告以《中学生》复刊事。
>
> （1939 年 3 月 28 日）子恺、彬然先后自两江来。开明《中学生》决复刊，请彬然任编辑。晚七时，开明经理陆联棠宴客，座有愈之、子恺、彬然、锡光、舒群、雪山及余，饮酒甚多。
>
> （1939 年 3 月 31 日）锡光或可任《中学生》编辑事，明日当与雪山切实一商。[1]

丰子恺的日记对 1939 年 3 月 28 日众人最终议定复刊《中学生》的情形描述甚详：

> 彬然被推戴为《中学生》主编。列圣陶为社长，联棠为发行人。吾亦列名为编辑委员。固辞不得。一年半以来，青年学生以此相询者甚多，吾每答以"不久终当复刊"，故今日竭力玉成之，使吾对询者可以践言耳。编辑之事，只能挂名，稿则自当随时写投也。[2]

---

① 宋云彬：《宋云彬日记》上，中华书局 2016 年版，第 26—31 页。
② 丰子恺：《教师日记》，《丰子恺文集》文学卷三，浙江文艺出版社 1992 年版，第 120 页。

傅彬然著文讲述过整个杂志的复刊情形：

> 民国二十八年春季（1939 年——引者注），开明书店已经在
> 大后方新建了几处发行机构，出版能力也渐渐恢复起来了，三月
> 间，书店协理章雪山先生从上海经浙江、江西、湖南诸省到达桂
> 林，看到桂林情形还安定，而与开明编辑部有关的旧友辗转迁流
> 来到桂林的又着实不少，于是创议在桂林复刊本志。一天，就邀
> 集了一些朋友假座菜馆商讨这件事情。记得那次出席的人，除章
> 雪山先生和开明书店桂林办事处主任陆联棠先生之外，有张梓
> 生、胡愈之、丰子恺、宋云彬、贾祖璋诸先生和笔者等。商量结
> 果，决定本志于五月一日在桂林复刊，为适应印刷条件和战时需
> 要，改为半月刊，十六开本，每期连封面三十二面，名称仍旧，
> 而另加"战时半月刊"字样。办法商定了，可是由什么人来编辑
> 呢？当时开明书店桂林办事处并没有编辑人员，而我们这一群朋
> 友都担任着别的工作，没法来专司其事，几经磋商，才决定请在
> 四川乐山武汉大学教书的叶圣陶先生任社长，在桂林成立一个编
> 辑委员会（名单见徐调孚先生的《〈中学生〉二百期回顾》一文），
> 在委员会中，推定宋云彬、贾祖璋和我来经常担任约稿看稿的事
> 情，另外把在军事委员会政治部《前敌士兵》周刊任编辑的唐锡
> 光先生拉回开明书店来做本志经常的编排和出版的工作。①

经过精密筹备，《中学生》确定复刊，由叶圣陶担任社长，编辑

---

① 彬然：《从复刊到"复员"》，《中学生》第 200 期，1948 年 6 月 1 日。

委员王鲁彦、宋云彬、胡愈之、唐锡光、张梓生、傅彬然、贾祖璋、丰子恺等8人。1939年5月5日，《中学生战时半月刊》正式发行，其《复刊献辞》摘要如下：

中学生诸君：

本刊的编辑部印刷所，在上海虹口，被敌人的炮火轰毁以后，本刊不能再和诸君相见，算来至今已有一年半了。

在这一年半中间，日本强盗所干下的罪恶是不能衡量计算的。它不仅侵占我田园，轰炸我城市，屠戮我平民，奸淫我姊妹，抢劫我资源，毒化我同胞，而且更企图着灭绝我文化，根绝我智慧，凡是日寇铁蹄所践踏的地方，学校图书馆都被烧光了，一切文化事业都被毁灭了。不知有多少青年失了学业！有多少学童，失掉了学校和家庭，过着流亡的生活。……

一个新的中国，从炮火中正在生长着。……

旧的炸毁了，新的建造起来。一千个一万个被战争毁灭了，十万个百万个都从瓦砾堆中重建起来。只怕信念不坚，不愁事业不成。《中学生》杂志，是抱了这种坚定的信念，在西南抗战根据地宣告复刊的。

在复刊之始，我们愿意和中学生诸君共相勖勉的——

第一是努力追求文化和智慧。用文化和智慧的光辉，消灭世界上野蛮和疯狂的侵略者。

第二是民族利益超过一切，牺牲一切个人的利益，时刻准备为救国救民而奋斗。

第三是学习、工作、生活打成一片。生活是为工作，为工作而学习，而且从工作中学习。①

为了适应需要，《中学生》改为半月刊，名字改为《中学生战时半月刊》，特设了"讲坛"、"半月时事分析"、"时事特写"、"战时社会及自然常识"、"战时青年团体活动特写"、"前后方通讯"、"问题讨论"、"中国战时经济讲座"等栏目，并且选载全国报刊的文章介绍给读者，约请国际时事专家金仲华、张铁生，经济学家千家驹，作家巴金、张天翼、周立波、舒群、王西彦、力扬等撰写文稿，并以发表读者来稿的栏目"读者之页"压卷杂志。《中学生》在保持本色的前提下，做到了切合时局的改变，而其中的改变隐约可见武汉《少年先锋》的影子，不难推测宋云彬于其中提供了一些可供采纳的建议。

《中学生战时半月刊》复刊号发行 6000 份，以后各期印数不断增加，到 1940 年，增加至 16000 份，可见受青少年欢迎的程度，② 宋云彬的付出也是得到了认可的。

宋云彬不仅为复刊献计献策，还履行职责，积极为青少年读者撰写时势评述文章。欧阳文彬认为这些文章，揭露了事实的真相，对青少年学生起到了引导作用：

> 皖南事变之后，国民党反动派卑鄙无耻地倒打一耙，反诬新四军"叛变"，同时严密封锁报刊消息，不让人民知道事实的真相。《中学生》发表的宋云彬《抗战四周年的回顾》一文中，却提到"本年春间，江南发生了不幸事件"，向读者透露了消息，

---

① 《复刊献辞》，《中学生战时半月刊》复刊号，1939 年 5 月 5 日。
② 彬然：《从复刊到"复员"》，《中学生》第 200 期，1948 年 6 月 1 日。

表明了态度，向国民党反动派抗议，也是舆论界的一个胜利。[①]

离开政治部后，宋云彬除了担任《中学生》编辑，更大的精力是投入到了桂林当地的抗战文化事业当中，他在其中扮演了非常重要的角色。

三、加盟文化供应社

1938 年 10 月，随着广州、武汉沦陷，大批文化人相继来到广西桂林。此时，李宗仁、白崇禧领衔的桂系军阀与国民党中央之间的关系若即若离，再加之中国共产党的统战政策和本省民主派李济深、李任仁、陈劭先、陈此生的支持，桂系基于自身利益出发，采取了比较开明的政策，各种文艺社团、刊物、出版机构纷纷在此地创设，一时之间桂林成为抗战时期的"文化城"。

宋云彬离开政治部后于 1939 年 7 月至 1944 年任职的桂林文化供应社，[②] 就是桂系国民党左派、民主文化人士和中共密切合作的产物。

据陈劭先回忆文化供应社 1939 年谋划成立、1940 年增资扩大经营情形如下：

> 民国二十八年之夏，李任仁、雷沛鸿、邱昌渭、阳叔葆、孙仁林、沈钧儒、杜重远、方振武、胡愈之、白鹏飞、林励儒、张

---

① 欧阳文彬：《〈中学生〉忆旧》，《读书》1979 年第 9 期。
② 据宋云彬 1965 年所填《干部履历表》，中华书局人力资源部藏。

志让、吴觉农、庄智焕、杨东莼、姜君辰、金仲华、千家驹、万民一、万仲文、陈此生诸先生及陈劭先等二十余人，鉴于精神动员与心理建设为抗战建国之要图，而战时前后方精神粮食则甚感匮乏，缘倡议集资创立文化供应社股份有限公司，从事文化生产，以适应国民文化之需要。经数度之集议，推定陈此生、胡愈之二先生及陈劭先为筹备人，八月一日即在桂林施家园成立筹备处，并聘请张志让、宋云彬、王鲁彦、曹伯韩、杨承芳诸先生为编辑，开始编纂工作。两阅月后募足股本一万二千元，乃于十月二十二日假广西建设研究会举行创立会，通过公司章程，选举万仲文、陈劭先、陈此生、李任仁、胡愈之、沈钧儒、方振武、杜重远、邱昌渭、孙仁林、林励儒等十一人为第一届董事，雷沛鸿、阳叔葆、苏希洵为监察人。首次董事监察人联席会议中，各董事互选李任仁为董事长，聘定陈劭先充任社长。陈劭先就职后，即行成立总务、编辑两部，聘请陈此生先生为总务部主任兼秘书，胡愈之先生为编辑部主任。二十九年一月，第二次董监会议决议扩充股本至十万元，规定五月底以前募足五万元。三月，经董监会决议，出资四万元与九如堂合营建设印刷厂（该厂有资金十一万元，生产工具尚称完备，石印机尤为精良，全厂职工七十余人。）同时增设出版部，聘请宋云彬先生为部主任，另增聘傅彬然先生为专任编辑，旋又在总务部下设置营业处。[①]

宋云彬对自己加盟文化供应社有如下记录：

---

① 陈劭先:《文化供应社自我介绍》，政协广西壮族自治区委员会文史资料研究委员会编:《陈劭先纪念文集》，1986年，第13—14页。

（1939年7月16日——引者注，下同）愈之拟创办文化供应社，邀余任专任编辑，征余同意，余表示愿意担任。

（1939年7月25日）锡光来，传愈之言，希望余能早日出院，因文化供应社拟自八月一日起办公也。

（1939年7月28日）晨八时，文化供应社在环湖北路十九号开会，到曹伯韩、秦柳方、张健甫、张志让、张铁生、陈此生、胡愈之、王鲁彦、朱光暄等，议决分组办法、八月份编书计划及专任编辑人数。曹伯韩、张天翼及余皆为专任编辑，天翼未来前，由鲁彦代理。

（1939年7月30日）上午文化供应社开会，重新确定八月份编书计画（划）。①

宋云彬在1940年担任出版部主任，1942年3月又与陈劭先、傅彬然等11人当选为董事，成为文化供应社的核心成员之一。

文化供应社的编辑方针为三条：鼓励民众抗战、配合广西地方建设、致力于文化普及。

抗战建国时期，文化工作主要目标，在谋意志集中与精神之团结，故一切著作出版物，当本普及与提高国民对于三民主义与国父遗教之正确认识，根据抗战建国纲领，谋增进国民自觉自动自治之精神，而以建立三民主义之新文化，为吾人努力之最后鹄的，此其一。文化建设与政治经济军事建设原属不可分离。理论

---

① 宋云彬：《宋云彬日记》上，中华书局2016年版，第55—57页。

之可贵，在于指导行动。故本社编辑方针，务求适应此时此地之需要，力戒空言不切实际之时弊。在目前，出版生产计划尤当力求与二期抗战中之民众动员工作及地方建设事业相配合，此其二。在民众文化水准低落之我国，文化工作普及尤重于提高，故本社编辑出版计划首先竭全力以求大众化中国化之实现，以后逐渐谋高深学术著作之编译刊行，此其三。①

在一众文化人的共同努力下，文化供应社早期以编辑大众读物为中心，兼及抗日干部训练及抗战建国所需工具书。其后出版社渐渐涉足少年读物、青年读物及一般学术图书的编辑，1940 年开始编印初中课本，成为一家综合性的出版社。出版社成立两年就出版了各种书稿 500 余种，900 余万字，成绩斐然。1942 年，文化供应社已有员工 200 多人，除了发行本社图书杂志外，还经售其他出版社的书刊近千种，已是广西地区资本最雄厚、影响最大的出版社。

宋云彬在文化供应社出版过不少书籍，其中尤值一提的是作为出版社"畅销书"的《鲁迅语录》。

宋云彬解释此书编辑缘由是在 1939 年夏天住院读《鲁迅全集》后，深感有必要为读者辑录鲁迅的各种警句格言：

> 去年七八月间，因患脚疾进广西省立医院疗治，在医院里做我的陪伴的，是一部《鲁迅全集》。将近二十天光景，差不多把全集里的创作，杂感文都看完了，随看随把里面的警辟的语句摘

---

① 陈劭先：《文化供应社自我介绍》，政协广西壮族自治区委员会文史资料研究委员会编：《陈劭先纪念文集》，1986 年，第 17—18 页。

下来。忽然想起，宋朝的理学家有语录，苏联的高尔基也有人替他辑语录，我何妨也来辑一册《鲁迅语录》。因此，出了医院，还是继续选辑。最初选得很谨严，只拣句子简短而意境隽永差不多可以当作格言的，才写下来；后来觉得这办法不对，重新再选。可是问题来了：有几篇文章，简直语语警辟，句句精炼，把它全篇抄下来吗，那不成其为"语录"了，中间摘几句吗，则往往首尾不全，使读者看了莫名其妙，取舍之间颇觉为难。但终于增选出一百多则，连第一次所选的共计三百六十六则。

全书依内容分为上下编，上编侧重文艺，下编侧重社会：

　　　　选辑工作完毕，跟着来的是如何编排的问题。最初想依年代编排，这在编者是一个省力的办法，但读者翻查时，一定感到不便。分类也难。宋儒语录，谈的无非是"理气"、"心性"一类，分别归类还容易；鲁迅先生的文章里，可以说是无所不谈，要立几个大类把它分别归进去，往往是不可能的。然而不分类也不行，没有办法只好在大体上把它分一下：先分"上编"和"下编"，每编再分若干类。大抵上编是谈文艺以及文言、白话古书等等，下编则自历史、社会、文化以至于人情世故等等。分的类并不十分确当，还希望读者加以指正。有许多精辟语句被忽略了没有选进去的，当然也不少，如果读者随时录出见寄，那是不胜感谢的。

宋云彬获悉早前有同类书印行，在翻阅后确认两书不同后才予以付印：

本书选辑完毕，已在半年以前，正预备付排印的时候，有一位朋友告诉我，在某书店里看到一本《鲁迅先生语录》，我立刻去买，却已经卖完了，托朋友在重庆香港等地买，也没有买到，我想，既有《鲁迅先生语录》出版，我所辑的《鲁迅语录》大可不必付印，就把原稿藏搁起来。最近从 W 君处借到了那本《鲁迅先生语录》，是雷白文先生编的。细细翻阅一过，原来我所选录的雷先生大都没有选，而雷先生所选录的我也大都没有选，这原是各人观点不同，我不敢说我比雷先生选的更精当，但觉得《鲁迅语录》仍有付之排印的必要，就毫不犹豫地把它付印了。

更值一提的是，宋云彬特意申明捐赠部分版税，以支持鲁迅研究：

最后有两点要声明：（一）本书所选的只限于《鲁迅全集》，其他散见于报章、杂志的鲁迅先生的谈话及书简中的语句都没有选入。（二）本书交给文化供应社印行，编者所应得的版税，当以一部分移赠研究鲁迅的机关或团体。①

《鲁迅语录》初版发行于 1940 年 10 月，发行 18000 册，到 1942 年 3 月已累计发行 21000 册，深受读者之欢迎可见一斑。

此外，宋云彬笔耕不辍向广大青少年读者介绍鲁迅思想，从 1939 年的《鲁迅的战斗精神及其战略》开始，陆续发表《怎样读鲁

① 宋云彬：《〈鲁迅语录〉序》，《宋云彬文集》第 3 卷，中华书局 2015 年版，第 165—166 页。

迅遗著》、《鲁迅杂文研究提纲》、《从学术方面看鲁迅》、《鲁迅所见的辛亥革命》等文章。他还于 1940 年夏季为中国抗敌协会桂林分会主办的文艺讲习班讲授《鲁迅杂文研究》，这是最早的鲁迅杂文教学专题课，很多学员也是在宋云彬的教导下走上了杂文创作的道路。

宋云彬更身体力行，日渐娴熟地进行杂文写作，针砭时弊。正如他所言："抗战以来，各方面都团结起来了，文坛上也很少争论，这现象自然是好的。可是我积习未忘，偶尔得到某些人变节或某公消极等消息，总是愤恨与感慨交并，想写些短文来发泄一下；有时看到一些倒退与落后的现象，更是腐心切齿，觉得有许多话要说。因此，前年秋间，有几位朋友在汉口办刊物，拉我写稿，我便又破了戒，开始写所谓'杂感文'了。不能写长篇大论，只能写些杂感，也是为才力所限，无可奈何。来桂林后，时受艾青兄的怂恿，又写了好些篇。"①

秦似总结此时期宋云彬杂文都是围绕抗战主题展开：

> 云彬先生是研究历史的，因此他的杂文，无论谈论时事、褒贬人物，总是贯穿着历史的观点，带有历史的眼光。他什么时候开始接受马克思主义的历史观，我不知道；但从抗战开始，可以看出，他是极力在运用马克思主义的唯物史观来指引自己的。那并非为了时髦，而是他的信仰，他已经把自己做学问和学习运用唯物史观结合起来了。尽管还不能说他已经精通了唯物史观。

> 他在抗战初期写的一系列杂文，几乎完全集中于一个主旨，那就是，中国人民要奋起抗战，要反对日本的侵略，反对世界法

---

① 宋云彬：《〈破戒草〉序》，《宋云彬文集》第 3 卷，中华书局 2015 年版，第 164 页。

西斯。但他并不是光讲几句空口号，而是从历史的前进或倒退来着眼的。而且，他的文章是有对象的，他并不担心一般人民大众会消极抗战，可是对于一小部分"读书人"，尤其自以为博古通今，却逃避抗战的现实，还躲在什么斋里头讥笑抗日青年如何浅薄，甚至丧失民族气节，敌我不分的所谓学者名流，云彬先生是不惜一再劝谏，痛加针砭的。①

两年后宋云彬将这一时期的文章结集出版，取名《骨鲠集》，虽然因杂文得罪了不少人，但他仍然坚持，"我明知道厌恶、憎恨我的人并不少，但不想改悔，以后还要继续写我的杂文。理由很简单：第一：骨鲠在喉，一吐为快；第二，我相信鲁迅的话：'说话说到有人厌恶，比起毫无动静来，还是一种幸福'"②。

除杂文写作之外，宋云彬还作为发起人，与夏衍、聂绀弩、孟超、秦似一起创刊了以发表杂文为主的文艺刊物《野草》，为大后方的作家提供了发表平台。据夏衍回忆刊物创办经过：

> 从1939年起，我在桂林办《救亡日报》，全社只有20几个人，经费短缺，来稿一律不付稿费，但当时桂林是大后方的"文化城"，愿意义务撰稿的人不少。由于这是一张四开小报，篇幅有限，所以超过2000字的文章，即使写得很好，往往也只能割爱，因此，孟超就向我建议，是否可以办一份以杂文为主的杂志。这

---

① 秦似：《序》，《宋云彬杂文集》，生活·读书·新知三联书店1985年版，第3—4页。
② 宋云彬：《我怎样写起杂文来的——代〈骨鲠集〉序》，《野草》第3卷第6期，1942年3月15日。

件事酝酿了好久，主要的难题是办杂志得有一个专职的编辑。孟超很积极，写杂文也很出色，但他自己说散漫惯了，不能静下心来当编辑，于是我才想起了秦似。他是本地人，没有固定的职业，经常给《救亡日报》写稿，有一股朝气，所以一谈他就欣然同意了。"野草社"是一个松散的同人组织，一共 5 个人，即宋云彬、聂绀弩、孟超、秦似和我，这 5 个人中云彬年纪最大，当年 43 岁；其次是我，整 40 岁；绀弩比我小 3 岁，也才 37 岁；再其次是孟超，而秦似则还是 20 刚出头的"小青年"，新生之犊，什么困难也不怕，所以第一次碰头会上，当我们把组稿、跑印刷厂、联系发行之类的事务工作都推给他的时候，他勇敢地挑起了这个担子。①

秦似的回忆如下：

文艺刊物无论从内容或品种说，都不能满足读者的需要。再加上那时新八股的文风已经产生，有些大块文章读起来令人沉闷；一二三四，甲乙丙丁，开药材铺，或者象文件一般的文章似乎越来越多。我们对此颇有一些感触。特别夏衍同志，他对文章的洞察力很强，总喜欢看到生动活泼、有新意的文字，他自己写文章，那怕写的是社论，也总要注意及此的。因此，当我向他建议办一个力求活泼，专刊短文的杂文杂志时，立即得到他的赞同和支持。那时绀弩刚由皖南来到桂林，于是由夏衍同志约集了几

---

① 夏衍：《忆秦似》，《秦似文集》，广西教育出版社 1992 年版，第 2 页。

个人，共同商议办刊物的事。不久就筹备第一期的稿件了。编辑一共五人：夏衍、宋云彬、聂绀弩、孟超、秦似。这也就确定了它是同人刊物的性质。①

宋云彬的日记透露过他在刊物创办时所起的作用："（1940年5月20日）午后五时进城，应夏衍之邀也。在东坡酒家小饮，商谈出一专载杂文之期刊，座有王石城、秦似及聂绀弩。""（1940年6月10日）秦似来信。""（1940年8月1日）这半月收到不少朋友的来信，替秦似解决了《野草》月刊的出版问题。"② 由此可见，宋云彬充分运用自己的影响力为刊物出版铺平了道路。

在《野草》出满24期之际，宋云彬又执笔谈了自己加入刊物的缘由，并提出对刊物将来发展的期望：

> 《野草》出满二十四期，算时间已经两年多了。回忆两年前，夏衍先生在桂林主编《救亡日报》，有一天他约我去东坡酒家吃饭，说明并不是他作东，有一位青年朋友想出一种专载杂文的月刊，托他转邀我去谈谈。那一次我就认识了秦似先生。后来那刊物出版了，就是《野草》。我为了上述的原因，常常替它写些短文。
>
> 说句老实话，我本来不会写这一类文章——所谓文艺性的杂文，只因一时感情冲动，觉得他们这样高兴办刊物，站在朋友的立场上，应该助助他们的兴，所以明知道自己写的不成东西，也

---

① 秦似：《回忆〈野草〉》，《新文学史料》1979年第2期。
② 宋云彬：《宋云彬日记》上，中华书局2016年版，第101、104、111页。

就老着面皮写出来，交出去了。其中少数的几篇，写的时候，确乎是有话要说，所谓骨鲠在喉，一吐为快。这两年来，我又经历了一些世故，觉得在喉的骨头，能够一吐固然是快事，咽下去却更为省事。为省事起见，今后我想改吐为咽，但不知有此决心和毅力否耳。

这是我个人有感而发的话，原不应该在这里讲的。至于《野草》，总是我所喜爱的一个刊物。我希望它从五卷一期起，第一，能够按期出版，第二，能够多登载些锋利深刻而充满热情和善意的讽刺文章。①

虽然在文化供应社事务繁忙，《野草》只是义务编辑，但宋云彬同样认真负责，秦似对此有生动的回忆：

《野草》由五个人署名编辑，只要人在桂林，每期的稿件，是大家都要看一遍的。每轮到他（指宋云彬——引者注）看的时候，他总必正襟危坐，提着羊毫笔，咬着烟斗，一字不漏的看完。不论谁的文章，看到了有不妥的字句或偶然的笔误，他总要给改了才罢休。我往往就坐在桌子边，等着，有时他也感到我有点不耐烦了，但他还是坚持这样做。他这种一丝不苟的工作态度，使我肃然起敬。记得有一次我写了一篇文章，谈到南宋的事情，说是由于对金的不抵抗，最后落得陆秀夫背着赵昺跳下海去亡了国。他想了想，给我改了，添几个字，"后来蒙古人来了，

---

① 宋云彬：《无题》，《野草》第5卷第1期，1942年12月1日。

南宋终于灭亡。"添的虽只有几个字，却使我感到写文章做学问是粗心不得的，这件事给我很深的印象，至今不忘。又有一次，记不得是谁的文章，用了一个历史典故，他为了核对事实，当着我翻检开明书店出版的《二十五史》，足足翻了半小时。他的认真态度，大致如此。①

《野草》出版正是皖南事变前后，国民党政府在大后方开始厉行审查之际，刊物为作家争取到了曲笔发声的空间，茅盾、郭沫若、田汉、胡愈之、邵荃麟、胡绳、柳亚子、秦牧、楼栖、韩北屏、林默涵、周而复、黄秋耘等均曾为刊物撰稿，宋云彬于其中功不可没。

除文学刊物之外，宋云彬与傅彬然一道，邀请叶圣陶共同发起创办了辅导中学生语文学习的普及性刊物《国文杂志》。叶圣陶日记1941年10月28日记有："二时至陕西街，得云彬、彬然来信。他们欲办中学生适用之国文杂志，招余合作。"②

与此同时，成都普益图书老板冯月樵也约请叶圣陶在成都创办同名刊物，由叶圣陶实际负责，叶圣陶夫人胡墨林挂名，在1942年1月创刊，到6月出至6期后，因刊物大小事务均由叶氏一家承担，且发行量过小，只能停刊。

宋云彬和傅彬然再次致信叶圣陶，希望他加盟甚至主政桂林版《国文杂志》。叶圣陶日记对参与桂林版《国文杂志》事有如下记录：

（1941年12月5日——引者注，下同）墨今日入城发稿，

---

① 秦似：《序》，《宋云彬杂文集》，生活·读书·新知三联书店1985年版，第2页。
② 叶圣陶：《叶圣陶集》第19卷，江苏教育出版社2004年版，第413页。

携归彬然、云彬来信。他们也决定办《国文杂志》，嘱余作文颇多。

（1941 年 12 月 21 日）晨起续作上星期四未完之文，得六七百言，完篇。即以寄与彬然，为桂林《国文杂志》之发刊词。

（1942 年 4 月 21 日）彬然邀余往桂林一行，谓可商谈二事，一为开明之编辑方针，商定后由余主持，又一为出一较大规模之《国文杂志》，商定后由余主编。

（1942 年 4 月 23 日）云彬来信言《国文杂志》必须创办，主编必须由余担任之。①

叶圣陶于 4 月与傅彬然赴桂林，千辛万苦于 6 月 4 日到达，三人在数次讨论后敲定了刊物出版的一系列事项。

1942 年 8 月 1 日，桂林版《国文杂志》正式创刊，由国文杂志社发行，1943 年在杂志社的基础上改为文光书店。《国文杂志》第 1 卷第 1 期署名编辑人叶圣陶，此后一直到第 3 卷第 3 期均署名"国文杂志社"，从第 3 卷第 4 期到第 3 卷第 5、6 期合刊均署名"叶圣陶 宋云彬"。

《国文杂志》栏目设计合理科学，有"范文选读"，介绍优秀文章，分析讲解，有"习作展览"，发表青年习作，供借鉴比较，有"学习者的话"，供青年们发表学习语文方面的心得体会和见解，加之不时刊登老舍、朱自清、朱东润等名家来文，在学生读者中深受欢迎，创刊号 3000 册销售一空。②

---

① 叶圣陶：《叶圣陶集》第 19 卷，江苏教育出版社 2004 年版，第 423、428、457、458 页。
② 陆哨林：《抗战时期大后方的三种语文刊物》，《出版史料》2005 年第 3 期。

虽然存在交通不便、资金紧张、纸张缺乏等重重困难，《国文杂志》仍然坚持了下来，在桂林一直出版至 1944 年 5 月，湘桂战事爆发后被迫停刊，1945 年 9 月在重庆复刊，又出版至 1946 年 2 月停刊。《国文杂志》前后近 5 年，共出 3 卷 18 期，是抗战时期重要的教学参考类刊物，宋云彬于其中居功至伟。

在桂林期间，宋云彬还积极组织广西的多种文化抗战活动，而他作为出版家的眼光与能力同样得到了印证。例如历史题材的作品在五四过后不少作家都尝试写作，他特意于 1942 年编辑注释了《历史小品选》一书，收录了鲁迅的《理水》、《出关》、《非攻》、《起死》，郭沫若的《孔夫子吃饭》、《贾长沙痛哭》、《司马迁发愤》，茅盾的《大泽乡》，郑振铎的《汤祷》，聂绀弩的《韩康的药店》以及他自己的《刘太公》、《国策》。他这样谈历史小品的价值："无论是历史小品也好，'故事新编'也好，如果没有丰富的历史知识和锐利的观察，战斗的热情，创作的艺术，是不会写出成功的作品来的。我之所以要选辑这本集子，加以详细的注释，一方面固然为帮助读者了解，一方面也想借此使读者知道这些历史题材的文学作品，不是浅学者所能率尔操觚的。"①

欧阳文彬回忆过桂林时期宋云彬的爱憎分明：

> 那时候，他是桂林文化供应社出版部主任，我的顶头上司。我记得清清楚楚，他每天就这样一手握着毛笔，一手捏着烟斗，更多的时候是把烟斗衔在嘴里，正襟危坐，聚精会神地伏案批阅稿样。当他放下工作，离开写字台时，却又那样平易近人，谈笑

---

① 宋云彬：《〈历史小品选〉序》，《宋云彬文集》第 3 卷，中华书局 2015 年版，第 172 页。

风生。

宋先生当时身兼数职，除了文化供应社的本职工作外，还兼着桂林师范学院的教授和《中学生》、《野草》两个杂志的编辑，另外还要写稿。在我的印象中，他写得很多，工作量相当大。但并不显得匆忙，倒是经常从容不迫，潇洒自如。我曾经纳闷，写作对他来说怎么好像不太费劲。后来终于明白，宋先生写文章不为名，不为利，不怕招怨，不怕贾祸，只是为了"骨鲠在喉，一吐为快"。他所要吐的又绝非个人牢骚，而是针对大是大非，坚持团结抗战的进步立场，或纵论天下大事，或褒贬古今人物，都有其不能已于言者。用他自己的话说："偶尔得到某人变节或某公消极等消息，总是愤恨与感慨交并，想写些短文来发泄一下；有时看到一些倒退或落后的现象，更是痛心切齿，觉得有许多话要说。"正因为如此，所以能文思潮涌，下笔有神。这就叫做"义愤出诗人"吧。

宋先生针砭时弊，嫉恶如仇，却又待人宽厚，豁达大度。这是因为他把敌人和朋友的界限划分得非常清楚。他主张在争取民主和反法西斯的共同目标下团结尽可能多的人，略小节而重大体，对于来自自己人的误解，他往往坦然处之。①

正是因为上述诸多此类活动，宋云彬被推戴为抗战时期桂林的士林领袖之一，他也实实在在地以自己的力量推动着广西地区抗战文艺的发展。

---

① 欧阳文彬：《怀念宋云彬先生》，《浙江画报》1987 年第 8 期。

四、民盟一员

1944年2月，日本侵略军发动豫湘桂战役，国民党军队节节败退，宋云彬被迫于9月离开桂林去往重庆。他沿黔桂路，绕道贵阳，于12月15日到达重庆。据他回忆："抗战时期，中共南方局设在曾家岩五十号。那时候坚持抗战、要求进步的知识分子，只要到过重庆，大概没有不知道曾家岩五十号的；只要在重庆住下来，大概没有不到曾家岩五十号走动的。我分明记得，1944年12月下旬，我艰难困苦地从桂林经金城江、独山、贵阳、遵义，来到重庆。到重庆的第三天，就在曾家岩五十号吃了一顿相当丰盛的晚餐。饭后举行座谈会。我约略报告了桂（林）柳（州）大撤退的狼狈混乱情况，也约略报告了几年来桂林文化运动的情况。主持座谈会的王若飞同志讲了近半个钟头的话，从目前抗战形势讲到党的文艺政策。他说：'无论如何，文艺总还是宣传抗战的重要武器，我们不可忽视它。'以后我又到过曾家岩五十号好几次。有一次是晚上九点钟去的，因为有位负责同志约我谈话。我知道曾家岩五十号的周围布满特务，晚上一个人去有点慌，特地约了一位同志一道去。经过这一次谈话，我才决定赴昆明。"①这里提到的负责同志，是周恩来。

关于周恩来与宋云彬谈话的前因后果，在宋云彬的档案中有详细记载：

---

① 宋云彬：《视察外记》，《宋云彬文集》第2卷，中华书局2015年版，第300页。

1944 年底，我带了家眷从桂林逃到了重庆。张幼（友）渔同志邀我去延安，我欣然答应，在重庆候车，候了几个月，没有车，不能去。其时我的朋友张今铎（黄埔军校的同事，抗战时在桂林又见面）在昆明，不断打来电报和写来快信，邀我到昆明，担任英军心理作战部的顾问。因为不明白该部的情况，不敢贸然答应。刚好周恩来总理又来重庆了，我就把张今铎的来电和来信统统交给周总理，请他代我决定可不可以去。后来周总理邀我到曾家岩五十号去谈话（我约邵荃麟同志陪我一道去）。周总理说，我认为你可以去，并且指示我应当留意什么。这样，我就到了昆明。①

宋云彬于 1945 年 3 月乘飞机离开重庆到达昆明。昆明的英军心理作战部，成立于 1944 年 10 月。② 宋云彬在例行公事以外，始终不忘撰述。

在昆明期间他花大量时间修改了自己在开明函授学校的讲义，修订为《中国文学史简编》，交由文化供应社出版发行，据序所述出版缘由：

民国二十三年上海开明书店创办开明函授学校，我和夏丏尊、叶圣陶、陈望道诸先生合编"国文讲义"，其中有"文学史话"一门，是我担任写的。"国文讲义"除供开明函授学校作讲义外，

① 据宋云彬 1965 年所填《干部履历表》，中华书局人力资源部藏。
② ［日］土屋礼子：《第二次世界大战对日宣传传单研究概述》，刘凤健译，《军事历史研究》2008 年第 4 期。

另印单行本，由开明书店发售。抗战以来，因为种种关系，"国文讲义"，始终没有再版过，到现在恐怕连"纸型"都毁掉了。

去年冬天从桂林逃难到重庆，旅况萧瑟，意兴阑珊，文化供应社同人怂恿我写中国文学史，以为不仅可以借此排遣，还可以得到一点版税，做生活费用的补助。我接受了他们的意见，拿"国文讲义"的《文学史话》来重读一遍，想略加修正和补充，改换一个名儿，就交给他们去排印。但重读一遍以后，觉得应该修正和补充的地方太多了，有几节简直非重新写过不可。《文学史话》是十年前写的。十年来我的学问固然毫无进境，但究竟又多看了一点书，对于十年前自己编写的东西觉得不满意，那是应该的。因此我把第一章"诗经与楚辞"重新写过，关于汉乐府的一节也加以删改和补充，而最后一章则补充得更多。《文学史话》这个名称觉得不大妥适，就改称《中国文学史简编》。

随后还陈述了书的定位："这本简略的中国文学史，是预备给中学程度的青年们阅读的。……我想，一个中等程度的青年，如果要知道一点我国文学的源流和演变，如果要依文学史的线索去选读历代的名作，那么读这一本'简略的文学史'，应该会有一点用处的。我凭了这一点信念，就毫不犹豫地把原稿交文化供应社印行了。"[1]

此时的昆明，因为有西南联大和云南大学的关系，大批学院派知识分子集结在此。宋云彬与朱自清、闻一多、浦江清、尚钺、李何林、唐兰等大学教授时相过从，积极融入当地的文化生活。

---

[1]　宋云彬:《序》,《中国文学史简编》,文化供应社 1945 年版，第 1—5 页。

1942 年 10 月，孙起孟、蒋仲仁、毛仁学、饶博生等经过一年多的筹备，在昆明发起成立了进修出版教育社和进修书店。1945 年 3 月发行《进修月刊》，刊物以辅导职业青年及失学青年自学为宗旨，旨在培养青年学识和修养的进步。宋云彬刚到昆明，刊物主编曹伯韩就向他约稿，并邀请他担任刊物的编辑委员。

在抗战即将取得胜利之际，宋云彬特意在《进修月刊》发表《五四运动与青年》一文，鼓励青年继承五四精神，从事民主运动：

> 五四运动是青年学生领导，所以以前三民主义青年团中央团部为纪念五四运动，发扬民族精神，号召全国青年积极参加抗战起见，曾呈进中央，通令全国，以每年五月四日为青年节，并以二十八年五月四日为第一届青年节，但后来不知为什么，又改以三月二十九日为青年节了。

> 不把五月四日规定为青年节，其实也无关宏旨，五四运动的历史价值，并不因此而减低了的。过去不是有些人巧言如簧，企图用种种说法来低估五四的价值，并否认五四的传统吗？可是到今天，大多数认识时代，爱国家，爱民族的人士，正在继续五四的传统，发扬五四的精神，以从事于民主运动。

他观察到彼时的年轻人隔膜于社会，在行动上落后于时代需要：

> 五四运动到今天，足足二十六年，当时的二十来岁的青年，现在已经是四五十岁的中年人了。由历史所指示，凡是一种革新运动，总是青年们站在最前线，因为青年最富理想，最富热情，

最没有顾忌，所以五四运动由青年来领导，是最自然的。那么，今天的民主运动应该是由二十来岁的青年作领导了。可是事实却正相反，今天能够积极行动争取民主自由的，大都是一些中年人，甚至于六七十岁的老年人，不一定是五四时代的领导人物，也有在五四时代颇不以青年"嚣张"为然，而现在在为正义感所驱使，勇敢地说话，坚决地行动起来！这些摆在眼前的事实，不乏举例证明。但我并不是说现在的青年都一律落后了，消沉了，我是说，五四时代是青年站在前面，中年人老年人跟着跑，而现在倒是中年人老年人站在前面，青年人跟着跑。这也不能责怪青年，二十年来，青年们所受思想上的桎梏，言论行动上的限制，已到了极点，再加之以钩拒刺探，威胁利诱，把一部分青年弄成圆滑稳健，像一个世故老人，一部分青年则不免消极颓唐，觉前途无希望，对时事不关心，马马虎虎，得过且过，不惜做一个自了汉；更有自甘堕落，站在另一立场，为虎作伥，以打压一般前进青年为事的。剩下来少数热情横溢，不计较利害，不顾虑危险而勇往猛进的青年，就不免随时随地遭到摧残，受到压迫。在今天，回想五四时代青年们的那种敢说、敢笑、敢哭、敢怒、敢骂、敢打的精神，令人感到无限的惆怅。

他吁请青年勇敢地承担起自己的责任，赋予民主新的内容：

可爱可敬的青年们，请不要丧气，不要灰心，历史总是前进的，新时代要青年来创造，我们目前所需要的科学与民主，比二十年前所需要的已大不相同；所谓科学，已不限于自然科学，所谓民主，更添了新的内容。

所以现在的青年们应该把今天的民主运动，当仁不让的负起责任来，创造一个比五四更光辉的青年节日。

最后我想引用鲁迅的话，作为纪念五四运动二十六周年对于青年们的献辞：

"青年们可以将中国变成一个有声的中国。大胆地说话，勇敢地进行，忘记了一切利害，推开了古人，将自己的真心话发表出来。"①

宋云彬自己也愈加投入到民主运动之中，他与孙起孟、刘思慕、楚图南、李公朴、罗隆基等不时交流对时局的看法，个人的政治意识再度苏醒，对他来说最为重要的标志就是加入中国民主同盟。

1939 年 10 月 13 日，张澜、黄炎培、罗隆基、沈钧儒、章伯钧在重庆发起成立统一建国同志会；1941 年 3 月 19 日，以前者为基础，联合中国青年党、国家社会党、中华民族解放运动委员会、中华职业教育社、乡村建设协会的成员及其他人士，成立"中国民主政团同盟"，1944 年 9 月，改名为"中国民主同盟"；10 月，发表《对抗战最后阶段的政治主张》，响应中国共产党提出的建立民主联合政府的号召。宋云彬于 1945 年 6 月由周新民、罗隆基介绍，以个人身份加入了民盟，并担任民盟南方支部常务委员。民盟云南省支部创办了《民主周刊》，由潘光旦、闻一多、潘大逵先后担任社长，闻一多、楚图南先后任主编，刊物以抗战、民主和反法西斯作为最高原则和奋斗

---

① 宋云彬：《五四运动与青年》，《进修月刊》第 2 期，1945 年 4 月。

目标，誓与日本侵略者战斗到底，配合中国共产党，宣传民盟的政治主张。宋云彬加入民盟后，参与刊物的编辑工作，为昆明民主运动的发展做出了自己的贡献。

1945 年 8 月 15 日，日本裕仁天皇宣布无条件投降，9 月 9 日，冈村宁次正式向中华民国政府陆军司令何应钦呈交投降书。随着抗战的结束，英军心理作战部撤销，宋云彬于 1945 年 10 月下旬回到了重庆。此时的国民党政府倒行逆施，假和谈真内战，并积极镇压各种民主运动。中国民主同盟则更加坚定地为争取和平民主自由而大声疾呼。

1946 年 1 月 9 日，宋云彬受沈钧儒的委托，创办了《民主生活》周刊。周刊由民主生活社编辑出版，发行人为沈钧儒，宋云彬担任主编。他撰写的发刊词，首先鲜明地反对内战，呼唤民主：

抗战胜利了，但中国人民没有得到胜利的果实。抗战结束了，而我们内部的冲突又起来了，全世界的人民，大都在开始过那和平幸福的生活，但我们中国人民还得继续忍受苦难——不必要忍受，不应该忍受的苦痛。

抗战把中国在国际的地位提高了，四强，五强，我们中国都有份儿；然而因了我们内部的不团结，政治的不民主，到现在，很显然的，我们的国际地位又有降低的危险了。否则最近在莫斯科召开的三国外长会议所发表的公报，何至于把"中国问题"和朝鲜、罗马里亚、保加利亚并列起来呢？

问题的症结，都在于不民主。只有民主，才能保证我们的胜利，使人民得到胜利的果实，享受种种自由，过着和平、幸福的日子。只有民主，才能保持我们已赢取得了的崇高的国际地位；才能使中国成为维持远东以致世界的和平的柱石。

过去，我们曾用笔和舌来主张抗战，坚持抗战；今后我们将用笔和舌来号召团结，争取民主。现在是人民的世纪，人民是国家的主人。我们始终是站在人民方面的。我们愿意做人民的喉舌，用我们的笔来反映人民的公意，喊出人民的苦痛，启发人民的觉悟，协同人民前进，以发扬民主精神，实践民主生活。

随后他提出《民主生活》的文章会联系现实展开，并设立"读者信箱"加强编读往来：

为了尽上面所讲的种种任务，本刊所刊载的文字，将注重现实问题的批判与具体意见的贡献，而不尚空言指责。本刊绝对公开，愿意听取读者的意见，并为读者服务。同时希望读者把本刊当作自己的刊物，替我们广为搜集民间意见，并举行"读者座谈会"，以宝贵的意见告诉我们，我们将特设"读者信箱"，另辟疑问专栏，来刊载读者的通信并商讨或解答各种问题。

文后提出期望，希望1946年的政治协商会议成功召开，中华民族自此获得新生：

本刊开始和读者见面，正值1946年的新春，又当政治协商会议召开的前夕。1945年结束了惨绝人寰的世界大战，1946年将为和平建设的年头；政治协商会议的成败，将决定中华民族的命运。我们以最大的信心，预祝政治协商会议的成功；以最大的诚意，敬颂读者诸君新年进步。①

《民主生活》坚持站在人民的立场，注重反映人民公意，对社会现实问题和政治问题有深入分析和批判，刊物从编辑到作者都是有感于连年战争，渴望实现和平统一的爱国之士，而他们也与中国共产党积极配合，开展民主斗争。

1946年4月1日，蒋介石在参政会发表讲话，公开撕毁政协五项决议。不久周恩来在曾家岩设宴，招待各界人士，报告了当时的政治形势。宋云彬在听了周恩来的报告后，很快写下文章，向国统区的广大读者进行传播。文章首先指出蒋介石违背政治承诺，其后指出蒋介石参政会报告中在东北问题上与人民观点的背离，最后指出蒋介石针对政治协商会议言论的实质目的是为了坚持一党独裁。文章以"人民是历史的创造者，历史上的杰出人物不能离开人民的利益而存在"做结，发出了坚定的民主呼声。

宋云彬的文章发表后，深受读者的欢迎，而《民主生活》越益引起国民政府的不满，刊物被迫于1946年4月下旬停刊，宋云彬随之离开了重庆。

---

① 宋云彬：《发刊词》，《民主生活》创刊号，1946年1月9日。

宋云彬（1897—1979）

1920 年，宋云彬与女儿宋蕴庄

開明活葉文選注釋 第一册

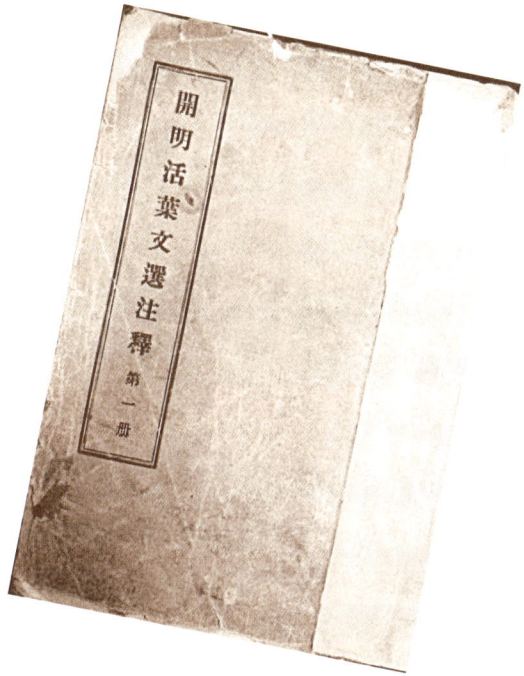

张同光、宋云彬注释的
《开明活叶文选注释》第 1 册

中國文學史簡編

宋云彬編著

文化供應社印行

116627

宋云彬编著《中国文
学史简编》

宋云彬著《玄武门之变》

宋云彬著《康有为》

1946年秋，在湖北石灰窑，站立者右起第6人为宋云彬

1949年"华中"轮部分乘客合影。中排左起为包达三、柳亚子、陈叔通、马寅初，后排左起为傅彬然、沈体兰、宋云彬、张絅伯、郑振铎、叶圣陶、王芸生

1949 年 9 月 25 日，救国会参加新政协的全体代表合影

1949 年 10 月 1 日，华北人民政府教育部教科书编审委员会全体
工作人员合影，中排右起第 3 人为丁晓先，第 4 人为宋云彬，第 5 人
为叶圣陶，第 6 人为周建人，第 7 人为傅彬然

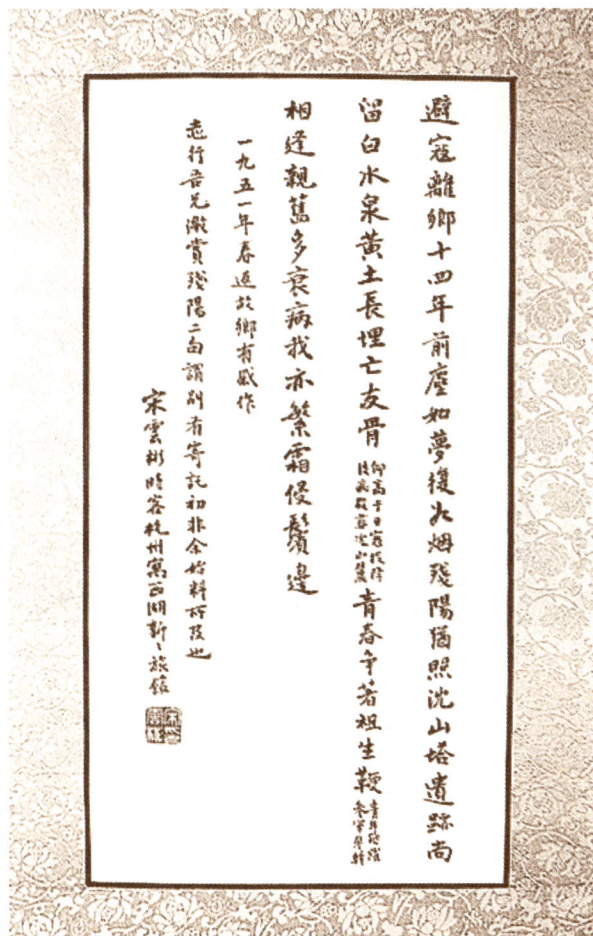

避寇離鄉十四年前塵如夢復如烟殘陽隔照沈山塔遺踪尚

留白水泉黃土長埋亡友骨 青春予著祖生鞭

相逢親舊多衰病我亦繁霜侵鬢邊

一九五一年春返故鄉有賦作

走行音先激賞殘陽二句謂別有寄託和非余始料所及也

宋雲彬時客杭州寓西泠新旅舍

1951年，宋云彬返乡自题七言诗

1954年2月3日春节，宋云彬家在杭州拍的"全家福"。后排左起儿媳汤月涓、女儿宋蕴庄、儿子宋剑行、外孙女李新、外孙李平。中排左起亲戚大姨、夫人孙秀真、宋云彬、女婿李伯宁。前排孙女宋京毅、孙子宋京其

一、主持文化供应社

抗战胜利后，文化供应社在桂林重建，据彼时的出版社总经理赵晓恩回忆："1946 年初，总经理万仲文辞职，回中山大学教书去了。陈劭老嘱我代理。这时张锡昌同志仍在桂林，对外名义是广西工合负责人。鉴于桂林只有广西日报，没有自己出版的报刊，为了沟通各地民主运动的消息，又考虑到当地的写作力量已十分薄弱，张锡昌同志提出办一以文摘为主的刊物，由文化供应社出版。要物色编辑，想到宋云彬尚在重庆，商请李任老出面，函邀回文化供应社主持编辑工作。"① 宋云彬正是在此背景下回到广西。可惜不久随着大环境的恶化，文化供应社被迫迁移香港，宋云彬则回到了湖北石灰窑，他在文章中写道："时局如不好转，出版业亦少希望，故我想做一个时期的'隐士'。"② 不过，宋云彬并没有真的如此消极，他于1946年冬撤退到香港，出任文化供应社总编辑。

宋云彬和同事们为迁到香港的文化供应社生存发展殚精竭虑。据赵晓恩回忆："文化供应社在出版方面，主要是增订重印已有出版物，如扩编初中精读文选等书；勉力出版了一些新书，如胡仲持译的《文艺鉴赏论》、胡愈之的郁达夫在印尼蒙难经过（书名已记不清了）和《少年航空兵》（笔名沙平）、冯玉祥的《我所认识的蒋介石》，还特约张铁生主编《新民主实用百科辞典》。"③ 其中最重要的是修订了《初中精读文选》。这套书是因抗战时期学校教材缺乏，文化供应社根据教育部颁布的修正中学课程标准编辑的。此丛书由叶圣陶校订，王任叔、宋云彬、辛德培、孟超、傅彬然、曹伯韩、叶苍岑、蒋仲仁、操震球等参与编辑，初编为6册，在香港扩编为12册，其中《语体文选》6册、《文言文选》3册、《语法篇》1册、《文章作法篇》1册、《实用文篇》1册，这套书在中国内地和香港及南洋地区均有销售，大受欢迎。④

同时，胡愈之与宋云彬联系，希望文化供应社专门为南洋地区编辑一套教科书，这样既可以满足该地对教材的需要，也可以此帮助香

---

① 赵晓恩：《抗日战争时期的桂林文化供应社》下，《出版工作》1985年第5期。

② 宋云彬：《在石灰窑》，《宋云彬文集》第2卷，中华书局2015年版，第143页。

③ 赵晓恩：《抗日战争时期的桂林文化供应社》下，《出版工作》1985年第5期。

④ 参见宋泉：《文化供应社及其抗战文化传播研究（1939—1945）》，博士学位论文，华中师范大学2017年。

港文化供应社及在港文化人渡过经济难关。①经过一番往返联系，文化供应社协助新加坡爱国华侨王叔阳主办的上海书局，编辑了一套供应南洋的教科书，这套教材由宋云彬、孙起孟主编，叶圣陶校订，参与编写的有傅彬然、蒋仲仁、廖冰兄、秦似等，教材科目有国语、历史、地理、算术、常识、自然、公民等，这套教材为华侨子弟的教育事业发挥了积极作用。②

南京国民党政府在撕毁政协决议，掀起内战后，言论上也厉行管制。1947年5月，上海《文汇报》被查封，报社员工选择南下香港，与国民党进步人士李济深、何香凝、蔡廷锴等合作，双方分头集资，于次年9月创刊了香港《文汇报》，董事会以李济深为董事长，社委会以徐铸成为首，③宋云彬应邀担任了周日出版的《文汇报》副刊《青年周刊》的主编。

经过数年的斗争，宋云彬认识到青年人代表了新的方向，同时他有感于一些中年人固步自封，总是以"青年导师"的身份自居，而造成两代人之间的隔阂。他在发刊词中希望同龄人"向这一代的青年去学习"，同时青年也"虚心听取中年人以至老年人的由他们的奋斗经验所得来的宝贵意见"。他定位《青年周刊》：

> 我们这个周刊，如其名称所示，是属于青年的。我们希望凭藉这个周刊，增进中年人以至老年人对青年的了解，缩短青年跟

---

① 胡愈之：《致宋云彬信》，《出版史料》2002年第4期。
② 俞筱尧：《文化苦旅六十年——怀念宋云彬先生》，《宋云彬日记》下，中华书局2016年版，第1006页。
③ 《简史》，《香港〈文汇报〉四十年》，香港文汇报1988年版，第215—216页。

中年人的距离，我们希望凭藉这个周刊，反映青年的意见，研讨关于生活、学习、修养等等具体问题；我们相信那位大学生的话："一有问题，大伙儿来讨论，互相检讨，不客气的批评，所得的结论也就容易是客观的。"①

宋云彬准确地把握了时代的脉搏，而副刊切合现实的定位，得到各年龄段读者的认同，在当时的香港报刊界有着相当大的影响力。

在黎明前夕，宋云彬更加体会到鲁迅对青年的意义，而市面上流通着欧阳凡海与小田岳夫的两个版本鲁迅传，在仔细阅读后他认为都存在不足，都未能通过把握时代来描绘出鲁迅思想变化的脉络：

> 鲁迅所处的时代，拿五十年前维新党的话来说，叫做"三千年来未有之变局"。他的一生，经过戊戌政变、辛亥革命、五四运动以及一九二七年的大革命，他读过"圣经贤传"，也学过德文和日文，接受过外来的学术思想；他读过中国的文艺作品，也读过欧美的日本的文艺作品；他学过医，也听过章炳麟讲小学；他"从小康人家而堕入困顿"，但也做了好多年的官（教育部佥事），当过好多年大学教授。他的一生，随着"三千年来未有之变局"在不断地变，不断地前进。我们要写《鲁迅传》，首先要搞清楚这个"三千年来未有之变局"，把握着鲁迅的时代，寻出鲁迅思想变化的脉络来，仅仅抓住一二点，说鲁迅是怎样的苦闷

---

① 宋云彬：《这一代的青年》，《宋云彬文集》第3卷，中华书局2015年版，第185页。

呀，怎样从事韧性的斗争呀，怎样用笔来刺破中国人的脸呀，等等，都是非常不够的。

他认为理想的《鲁迅传》作者应该对彼时整个大时代有着充分的认识：

> 一部《鲁迅全集》，几本《鲁迅书简》，固然是写《鲁迅传》的基本材料，但仅仅靠这一点材料，即使你读得娴熟、翻阅"韦编三绝"罢，还是非常不够的。我们不仅要读通鲁迅的作品，还要搞通近代的世界史和中国史。我们不仅要读鲁迅的文章或作品，还要看与鲁迅同时代的其他各家各派的文章或作品，例如文学研究会的、创造社的、以至新月派的、现代评论派的，等等。我们不仅要精读《鲁迅全集》和《鲁迅书简》，还要细细地读与鲁迅同时或早于鲁迅的其他学者文人的集子、书简以至日记，例如康有为的、梁启超的、谭嗣同的、章炳麟的、王国维的、以至于曾国藩的、李鸿章的、翁同龢的、王任秋的、严复的、张謇的、胡适的、陈独秀的、吴虞的，等等。一定要这样，才能把握住鲁迅的时代，懂得这一时期的学术思想，这一时期的文艺思潮，如果能够这样，那么写出来的《鲁迅传》，才不至于仅仅钩了一个轮廓，或仅仅写出了鲁迅的某一部分，有了这样一部理想的《鲁迅传》，才能使读者于认识鲁迅之外，还认识了鲁迅的时代，认识鲁迅的时代是非常重要的。

他指出这样做的价值在于使得读者通过《鲁迅传》，看清中国的未来：

认识了鲁迅的时代，才能看清楚中国的前途，鼓起勇气前进。"鲁迅的道路就是中国人的道路"，不是有人说过这样的话吗？[①]

宋云彬此时还多了一重教师的身份。1946 年 10 月 20 日香港达德学院正式开学。达德学院是在中共南方局的直接领导下，由民主人士出面主持的大学，其办学目的是既可安置内地受迫害赴港的民主进步人士，又可接纳有志求学但无处容身的青年学生。学院由陈其瑗任院长，李济深任董事长，设本科及专科，以本科为主，有政治、商业经济、国文三个系和新闻专修班、预备班，属文法学院性质。[②]宋云彬在该校担任了国文系教授，主讲中国文学简史一直到自己离港为止。

1949 年初，随着国内局势日趋明朗，宋云彬和在港的一大批民主人士在中共的秘密安排下，离港北上参加建国大业。

二、"知北游"

1947 年 5 月 10 日，宋云彬与老友邓初民、陈其瑗、易礼容相聚于彭泽民寓所，陈其瑗出示了 1927 年大革命失败后南京政府的通缉名单，在这 137 人的名单中 5 人均榜上有名，大家相与感慨欷歔，这群民主人士在黎明前，抚今追昔，纷纷赋诗唱酬。宋云彬首先漫成一绝句：

---

① 宋云彬：《我所理想的〈鲁迅传〉》，《宋云彬文集》第 2 卷，中华书局 2015 年版，第 448—449 页。

② 《港澳大百科全书》编委会编：《港澳大百科全书》，花城出版社 1993 年版，第 85 页。

居夷浮海廿年迟，壮志未消两鬓丝。

谁分苍凉归棹后，拊心重读党人碑。

又集龚自珍诗以志慨：

悲欢离合寻常事，其余尊前百感何。

侥幸故人仍满眼，夜思师友泪滂沱。

气寒西北何人剑，独倚东南涕泪多。

吟罢恩仇心事涌，侧身天地我蹉跎。

再集龚自珍诗呈彭泽民：

进退雍容史上难，皤皤国老尚神完。

牡丹绝色三春暖，不及溪松耐岁寒。

陈其瑗录旧作答宋云彬：

理论相符实践中，分工合作道相同。

钢经百炼难为锈，柏树三冬不让松。

苟利大群验生死，岂从小己定吉凶。

前途尚有艰屯会，无愧生平异日逢。

邓初民豪气万丈地写道："二十年后的我们，还是二十年前的我们。在这浪潮起伏的二十年中，确是不容易的。我们要永远肩并肩，手携手，为和平民主的实现而奋斗。"

1948 年解放战争进入决战阶段，人民解放军节节胜利，中共中央于 4 月 30 日发布《纪念五一劳动节口号》，其中第五条号召"各民主党派、各人民团体、各社会贤达迅速召开政治协商会议，讨论并实现召集人民代表大会，成立民主联合政府"，得到了全国各地民主党派的纷纷响应。同时，在周恩来的直接领导下，中共开始秘密组织将解放区以外的民主人士接到解放区，为新政协的召开做准备。香港地区是民主人士聚集最多的地方，香港工委为此专门设立了五人接送小组，潘汉年全面统筹，夏衍、连贯负责与各民主党派的领导人联络，许涤新负责筹措经费，饶彰风负责具体工作，此外还有一个秘密工作班子配合，并设有专门电台与中共中央、中央统战部、大连方面保持直接联系。①

1949 年 2 月 27 日，第四批民主人士被安排北上，这批人包括柳亚子、陈叔通、马寅初、包达三、叶圣陶、郑振铎、宋云彬、曹禺、王芸生、刘尊棋、徐铸成、赵超构、傅彬然、张志让、张絅伯、邓裕志、郑佩宜、胡墨林、冯光灌、郭秀莹、方瑞、沈体兰等一行 27 人，在胡绳夫人吴全衡的陪同下，搭乘挂葡萄牙国旗的"华中"轮由香港赴解放区。启程前，中共做了周密安排。由于"华中"轮是货轮，只能搭载 12 名乘客，所以女客一律以乘客身份登船，其他男性乘客改穿中式短服，冒充各色船员，叶圣陶、曹禺的身份是管舱员，王芸生、徐铸成、赵超构、刘尊棋扮作船员，张志让是副会计员，傅彬然、郑振铎是押货员，宋云彬是庶务员，几位年长的陈叔通、马寅

---

① 中共河北省委统战部编：《李家庄纪事》，华文出版社 2018 年版，第 57—61 页。

初、张絅伯、包达三、柳亚子扮作商人。

据宋云彬日记他们登船经过："下午四时许，圣陶夫人与家宝夫人先登轮。九时许，李实来导余等登轮。余与彬然、尊棋、家宝、超构先下汽艇，则有两警士跃下，以手电筒照余面者再，余衔烟斗徐吸之，故示镇定。警士指余身旁之帆布袋问是中为何物，余谓汝可检视之，彼等遂逐一检视而去。盖警士视余等服装不称，神色张皇，疑为走私或别有图谋者。圣陶、振铎、芸生、铸成在后，见有警士下船，则趑趄不敢前，尊棋复登岸觅之，未几相率下艇。约半小时，汽艇已傍大轮，缘梯而登。余与彬然、振铎合住一舱，未几张季龙亦来，共四人，而此舱有铺位六，故颇宽畅也。"[①]28 日，轮船开行，宋云彬联想到自己 1926 年奔赴广州参加革命的情景，以前是由北赴南，此为由南赴北，但焦急盼望到达目的地的心情是相同的。

一船文艺界人士，大家约定在晚餐后相聚交流。3 月 1 日举行了第一次晚会，包达三谈了蒋介石的琐事，曹禺唱了《李陵碑》、《打渔杀家》，邓裕志演唱了《贵妃醉酒》，张季龙、徐铸成皆有表演。叶圣陶提了一个以这批人乘轮赶路为谜面，谜底为《庄子》一篇名的谜语。宋云彬心领神会，猜中为《知北游》，"知"即知识分子，北游即北上参与新政协。宋云彬请叶圣陶作诗一首作为奖品。3 月 2 日，叶圣陶交来《应云彬命赋一律，兼呈同舟诸公》：

> 南运经时又北游，最欣同气与同舟。
>
> 翻身民众开新史，立国规模俟共谋。

---

① 宋云彬：《宋云彬日记》上，中华书局 2016 年版，第 145—146 页。

> 簣土为山宁肯后，涓泉归海复何求。
>
> 不贤识小原其分，言志奚须故自羞。

柳亚子作为南社首领，随即和诗一首：

> 栖息经年快壮游，敢言李郭附同舟。
>
> 万夫联臂成新国，一士哦诗见远谋。
>
> 渊默能持君自圣，光明在望我奚求。
>
> 卅年匡齐惭无补，镜里头颅只自羞。

两日后，宋云彬也完成了一首和诗：

> 蒙叟寓言知北游，纵无风雨亦同舟。
>
> 大军应作渡江计，国是岂容筑室谋。
>
> 好向人民勤学习，更将真理细追求。
>
> 此行合有新收获，顽钝如余只自羞。[1]

2 日的晚会，陈叔通谈了民国建立时的掌故，柳亚子认为辛亥革命之所以不成功，是因为一没有民众基础，二孙中山先生没有领导强力政党。宋云彬则告知大家在 1927 年以后杨度曾在上海营救中共党员的秘闻。随后，叶圣陶和宋云彬合唱了《天淡云闲》，邓裕志演唱了《刺虎》，以合唱《义勇军进行曲》结束。

---

[1] 叶圣陶：《叶圣陶集》第 22 卷，江苏教育出版社 2004 年版，第 28—30 页。

3 日晨，轮船驶过福州接近长江口，10 时大家开了第一次座谈会，题目为《文化及一般社会方面如何推进新民主主义之实现》，张季龙主席，宋云彬担任记录，出席者 22 人，历时两小时，据叶圣陶日记："在座诸人各发言，多有所见，唯皆不甚具体，亦无法作共通结论。"[①] 宋云彬认为："题既冗长，范围又广，发言者大抵不切实际。"[②] 当日的晚会，陈叔通讲了晚清中兴大臣胡林翼的逸事，包达三则谈了上海掌故，曹禺则谈了戏剧电影，指出将来要大力利用纪录片进行普及教育。4 日，以新闻事业为题进行了第二次座谈会，大家均畅所欲言，晚饭后陈叔通与船员各讲了一则逸事，大家就整装准备第二天登岸。5 日下午 5 时"华中"轮停靠烟台码头，一船人等受到了当地军政部门领导的热烈欢迎。在逗留一天后，一行人上路，于 18 日抵达北平。

对于即将到来的新中国，宋云彬充满信心，但同样知道新生国家起步的艰辛，他在给在港亲人的信函中写道："这里的工作人员艰苦之至，将来恐只能勉强维持。但工作不怕没有，也不必靠什么人情才能找到工作，只要你有本领，他们是很尊重你，很优待你的。此意可转告你姐夫。总之，今后的劳动观点必须改过。我从前常常对你们说，等到革命成功，建设开始，我们要过几年艰苦生活了。我这句话一点也没有错。从今天起，我们必须把生活水准降低，能吃苦，能耐劳，不自满，不骄傲，这才配做新民主主义国家的国民。这些话都不是'八股'，你将来亲自看见种种情形，就会领悟。"他还谆谆教导家人做好各种思想准备，参与到新中国建设当中来："你姐姐和月涓返

---

① 叶圣陶：《叶圣陶集》第 22 卷，江苏教育出版社 2004 年版，第 30 页。

② 宋云彬：《宋云彬日记》上，中华书局 2016 年版，第 147 页。

内地后，自然也有相当工作可做，不必着急。不过目前须开始看书，凡香港出版的小册子，非多多看，认真看不可，这一层预备工夫非做好不可。尤其是你姐姐，她很聪明，有才干，过去曾做过一次事情，能力并不薄弱。但她的小资产阶级的脾气，非从今天起就下克制工夫不可，否则很难适应新环境也。"① 不仅如是告知亲人，宋云彬还以身作则，以饱满的热情投入到新中国的建设当中。

---

① 宋云彬：《自北平寄给尚在香港的儿子宋剑行的信》，《宋云彬文集》第 3 卷，中华书局 2015 年版，第 251—252 页。

第六章

在出版总署

一、新中国教材的编审者

宋云彬到北平后，除频繁地参政议政外，最为主要的工作就是投入到新中国的中小学教材编订之中，为教材从"审定制"向"国定制"的平稳过渡贡献了力量。1949 年 2 月，中宣部出版委员会成立，在 22 日第一次会议上周扬如此谈道："出版上的第一件事首先应该做到是统一……由出版计划来说，首先应谈统一的是出版，如教科书，马恩列斯的著作，毛主席的著作都是要赶快做到统一出版，只有先求得出版的统一，业务才能统一。"① 周扬将教科

---

① 《出版委员会第一次会议记录（节录）》，中国出版科学研究所、中央档案馆编：《中华人民共和国出版史料（1949）》，中国书籍出版社 1995 年版，第 24 页。

书与革命领袖著作并置而谈，可见此项工作的重要性与迫切性。4月，华北人民政府成立教科书编审委员会，专司审定中小学教材，叶圣陶出任主任，委员会分为国文、史地、自然三组，宋云彬、孙起孟、孟超在叶圣陶负责的国文组。

通过宋云彬的日记能最直观地了解新中国最早的教科书编审机构的建立过程：

> （1949年4月5日——引者注，下同）余于抗战时及旧政协前后，颇作党派活动，今则无此雅兴矣。盖以前为坚持抗战，争取民主，不得不凭藉党派作活动，今革命已将大功告成，此后建设事业须脚踏实地，空头宣传无用，余当脱离民盟，专心致志，为人民政府编纂中学教本，庶几不背"为人民服务"之原则。

> （1949年4月8日）晚六时陆定一、周扬、晁哲甫请客，在北京饭店。余准时至，则圣陶、彬然等已先在座矣。陆等请客，为商谈如何组织教科书编审机构事，故凡准备参加此机构者皆被邀，除余等外，有胡绳、孟超、孙起孟、叶蠖生、金灿然诸人，而华北政府正副主席及范文澜等均到。商定机构名称为"教科书编审委员会"，在中央政府未成立前，暂隶华北人民政府。叶圣陶为主任委员，周建人、胡绳副之。

> （1949年4月12日）胡绳来，商编审教科书事。

> （1949年4月15日）下午编审委员会开第一次会议。地点在六国饭店。出席者圣陶、彬然、胡绳、周建人、王子野、孙起孟、叶蠖生、金灿然、孟超。商决分国文、史地、自然三组。国文组为圣陶（兼）、孙起孟、孟超及余四人；每周开会一次，余

为召集人。

（1949 年 4 月 22 日）教科书编纂委员会会址已觅定东四二条五号。下午二时即在东四二条五号开会，惟彬然以他事未到。①

按照上级要求，各年级课本必须尽快改定完成，才能应对下学期开学之用。编审委员会的各组同人审定原有课本，保留可用篇章，删减不合适的课文，为适应新中国的需要，还亲自动手写课文，制定各种标准，工作可谓繁重至极。据宋云彬的日记，他从 4 月 27 日开始改编初小国语课本，一直到 7 月 29 日这项工作才告结束。

10 月，教科书编审委员会、中共中央宣传部出版委员会与新华书店编辑部三个部门联合组成出版总署，胡愈之、叶圣陶分任正副职。出版总署下设编审局，叶圣陶兼编审局局长，编审局第一处负责全国教科书编审工作，宋云彬出掌第一处，责任更为重大。②

宋云彬文史兼擅，除了语文教材外，历史教材也交予他审阅。本着为学生负责的态度，宋云彬严格把关。如他受托审阅范文澜所著、叶蠖生删改，用作高中教本的《中国通史简编》，他校阅完毕后还专门去信范文澜告知错误之处，以便后者将来更订，可见他是秉持公心从事编辑工作的。

有着丰富教科书编订经验的叶圣陶、宋云彬，对于如何编辑教材有着自己的认识：

---

① 宋云彬：《宋云彬日记》上，中华书局 2016 年版，第 159—167 页。

② 《中央人民政府出版总署暂行组织条例（草案）》，中国出版科学研究所、中央档案馆编：《中华人民共和国出版史料（1949)》，中国书籍出版社 1995 年版，第 506—508 页。

审阅新华书店出版之《中等国文》第三册，选有徐特立文章两篇，均不知所云，非特文句不通，语意亦不连贯。近来朋辈中颇有强调所谓思想问题者，以为只要思想搞通，文章写不通也无关重要；又，凡解放区刊布之小册子，不论其文字如何不通，必奉为至宝，大有"曾经圣人手，议论安敢到"之概。最近彬然与朱智贤合辑一书，供师范作教本，所搜集者皆解放区材料（大抵是讲各科教学法的），文句不通，出人意表，而彬然则赞美不置。圣陶曾因此大为不快，颇有辞职不干之意。此类文字，如任其谬种流传，毒害青年将不知伊于胡底。圣陶拟定中学课程标准，其中有一项说明："一个词儿用得合适不合适，一个虚字该补上还是该删掉，都是内容问题，不是'文字问题'。表达内容既然以语言为工具，惟有语言运用得的当，才能表达得的当。"至哉言乎！圣陶殆有为而发欤？[①]

可以看出，叶圣陶和宋云彬对只重政治内容，忽视文字质量的做法持保留意见，宋云彬甚至为此招致了批评。

1949 年 8 月起，宋云彬将自己的《中国近百年史》一书摘取部分改编为《高中本国近代史》（上册），供高中学校教学。因为时间仓促，存在不足，宋云彬在修改校样时对出版印刷表示了不满："校《中国近代史》最后清样一批，尚有改动，须再校一次。此书定名为《高中本国近代史》（上册），备高中学校教学之用。由新中国书局交一家小印刷厂排印，铅字已旧，棱角全无，工人装版技术复不佳，将来印

① 宋云彬：《宋云彬日记》上，中华书局 2016 年版，第 210 页。

成书本必模糊不醒目，错误亦必甚多，每见校样便感不快。"① 孰料，宋云彬认为的排印"错误亦必甚多"，并没有带来多大问题，反而是内容给他带来了麻烦。

1950 年 9 月 6 日，署名"陈昌勃"的读者在《人民日报》发表《评〈高中本国近代史〉》，认为《高中本国近代史》（上册）"可说是李剑农《最近三十年中国政治史》（一九三〇年上海太平洋书店出版）的不很高明的节本"。更重要的是批评该书，"眉目不清醒，连篇累牍，读了也不容易把捉到中心要点。条理不分明，正是本书最大的缺点"。最后提出要求，"历史学是阶级斗争的武器，它在思想教育中所起的作用，甚至比政治课还要大。我们迫切需要一本更完善的课本，以便利教学的进行，更好的完成历史教学的任务"②。

对于读者的批评，宋云彬以《我对于〈高中本国近代史〉的几点说明》做了答复，一方面对陈昌勃的批评表示虚心接受，一方面也对后者的一些指责予以了回应。③

教科书作为出版物，除了是青少年知识的载体外，它也是承载意识形态、凝聚国家认同的最有效工具，在新生政权刚建立的特殊时代背景下，其"政治性"的一面自然得到更多的强调。宋云彬对教材的认识与新时代的要求之间的差距是可以理解的，新政府也充分信任宋云彬。1950 年 12 月 1 日，人民教育出版社正式成立，宋云彬入职新单位，继续为新中国的教材编审事业尽心尽力地工作。

---

① 宋云彬：《宋云彬日记》上，中华书局 2016 年版，第 202 页。
② 陈昌勃：《评〈高中本国近代史〉》，《人民日报》1950 年 9 月 6 日。
③ 宋云彬：《我对于〈高中本国近代史〉的几点说明》，《人民日报》1950 年 9 月 6 日。

二、献策出版界

在民主人士甫抵北平时，文化界领导人考虑到南方还没解放，希望他们出面创办一份青年杂志，结合新的国际国内形势开展青年教育。据叶圣陶日记所记："昨日与柳湜、胡绳、彬然谈办一类似《中学生》之杂志，以应目前青年界之需。此事他们三位甚感兴趣，而芷芬亦然，以为可由开明出资。……谈及主编之人选，共谓各人有事，兼顾必致两失。……因思及超构。今晨与超构谈起，承渠应允。今时人事变动至多，不能做长久之计……出版之期定于五月四日。今年为'五四'三十周年，又当华北解放之际，自不宜放过此大有意义之日子。"①宋云彬对此记录更详："（1949 年 4 月 13 日——引者注）前数日，柳湜、胡绳怂恿余等编一青年杂志，经连日商谈，已得结果，决由开明书店印行，并组一编委会，请赵超构负总责。今晚由开明书店出面邀请，在□□饭店宴饮，到袁翰青等约二十人。席间经商定，定名为《进步青年》，由叶圣陶、傅彬然、胡愈之、金仲华、袁翰青、周建人、孙起孟、赵超构、茅盾及余共十人，组编委会，五月四日出创刊号。"②

1949 年 5 月 4 日，《进步青年》创刊，由叶圣陶执笔的发刊辞摘要如下：

在"五四"三十周年纪念的日子，在解放了才不过三个月的

---

① 叶圣陶 1949 年 4 月 11 日日记，转引自叶至善：《父亲长长的一生》，《叶圣陶集》第 26 卷，江苏教育出版社 2004 年版，第 318 页。

② 宋云彬：《宋云彬日记》上，中华书局 2016 年版，第 163 页。

北平，我们创刊这个杂志——《进步青年》。我们非常之兴奋，愿意尽我们的力量把它办好，对于青年们有一点切实的帮助。

我们一班朋友对于教育都有些兴趣，有些信念。我们以为教育为政治服务是必然的，世间决没有跟政治不相干的教育，教育独立只是一种虚无缥缈的想头。教育有糟糕的，有进步的，正同政治一样。……所以，政治跟教育并家，一切政治化为最广意义的教育，那成功是无限伟大的。目前咱们已经看见了成功的实迹，将来的成功还要尽量扩大。

教育的方式不只是一个。一个方式是分成施教的跟受教的两边，施教的拿出来，受教的收进去。另外一个方式是不分施教的跟受教的，大家共同商量，共同学习，共同实践，共同检验，结果是彼此互相教育，就个人说，是教育了自己，也教育了他人。我们办这个杂志，自以为有教育的意义，可是我们不能够也不愿意采取前一个方式。……我们办这个杂志，愿意采取后一个方式。……

以上说的是我们的理解跟态度。以下说一点关于创刊的日子"五四"的话。……

"五四"运动是我国现代史上青年运动开始的标志。

若问谁是这一道主流中的主力，那必得推中国共产党。……

进步，不断地进步，咱们应该以此自勉，也以此自豪。我们愿意把"进步"这个词儿标在杂志的名称里头，作为跟青年挽着胳膊，齐步迈进，争取不断进步的信约跟凭证。①

---

① 《发刊辞》，《进步青年》创刊号，1949 年 5 月 4 日。

从发刊辞可见，刊物顺应时代的变化。在坚持教育是"彼此相互教育"之余，提出了"我们以为教育为政治服务是必然的，世间决没有跟政治不相干的教育，教育独立只是一种虚无缥缈的想头"的观点。同时，中国共产党在五四运动中的主力作用得到了强调。编辑们也认识到在新中国，"进步"不是仅仅针对青年的，作为年长的一代，也应该参与进来，所以叶圣陶在结尾热情地写到"进步，不断地进步，咱们应该以此自勉，也以此自豪"，要"跟青年挽着胳膊，齐步迈进"。

对于这本杂志，宋云彬是全身心地投入的，在 4 月 27 日、28 日、29 日连续审阅杂志校样，并为创刊号撰文《读〈闻一多全集〉》。闻一多被国民党特务枪杀后，清华大学、闻一多家属、文协与开明书店合作，出版全集以作纪念。《闻一多全集》1948 年 8 月出版，9 月再版，1949 年 12 月已出到第 4 版，可见深受读者欢迎。宋云彬特意在新发刊的《进步青年》发表此文，缘于他了解"闻先生做学问的方面很多，都有所成就，尤其在训诂和考据方面，非常细致精密。所以现在的高中学生或大学生，没有读过很多古书，就无法完全了解闻先生的著作，只能读全集中的一小部分。我是读过这部全集的，虽不能说完全了解，但大体上是懂得的，现在把我的读后感写出来，也许对于准备读全集的青年朋友有一点儿帮助"[1]。他的文章起到了普及知识的作用，对彼时的青年读者的确教益良多。

宋云彬在《进步青年》发表文章，这客观促成了他撰述文史普及类书籍，其中最有代表性的是他《康有为》一书的撰写。此书撰写缘由据其日记：

---

① 　宋云彬：《读〈闻一多全集〉》，《进步青年》创刊号，1949 年 5 月 4 日。

（1949 年 8 月 15 日——引者注）毛泽东撰《论人民民主专政》一文，谓"自从一八四〇年鸦片战争失败那时起，先进的中国人，经过千辛万苦，向西方国家找寻真理。洪秀全、康有为、严复和孙中山，代表了在中国共产党出世以前向西方寻找真理的一派人物。"一般青年对于康有为、严复，认识均模胡（糊），特撰《康有为和严复》一文，预备刊登《进步青年》杂志，成二千言，竟全文三分之一耳。①

正是看到青年读者基本文史知识的匮乏，宋云彬接受郑振铎的建议，进而撰写了七万余字的人物传记《康有为》。② 是书分为五章：第一章"康有为的时代"，介绍了康有为身处的国际国内时代背景；第二章"康有为的学术思想"，介绍了康有为整个的学术脉络；第三章"康有为的维新运动"，介绍了康有为领导维新变法运动的经过；第四章"戊戌政变"，介绍了变法失败的全过程；第五章"政变后的康有为"，介绍了康有为在政变后的一系列思想政治行动。《康有为》一书夹叙夹议，深入浅出，笔调平实，1951 年 3 月由商务印书馆出版，7 月再版。1955 年 4 月由生活·读书·新知三联书店推出新版，其印数达 28000 册，可见深受读者欢迎。

对于鲁迅的介绍与推荐，是宋云彬一以贯之的行动，新中国成立后他更是大量撰述与鲁迅有关的文章，其中他 1949 年 10 月 19 日发表于《光明日报》的《纪念鲁迅的一个建议》一文，尤其重要。他首先结合自己的经历指出了青年阅读鲁迅作品存在难以理解的问题：

---

① 宋云彬：《宋云彬日记》上，中华书局 2016 年版，第 207 页。
② 宋云彬：《再版题记》，《康有为》，生活·读书·新知三联书店 1955 年版，第 1 页。

纪念鲁迅，要学习鲁迅。学习鲁迅，总得从读鲁迅的作品入手。

鲁迅的作品可真多，单是小说、杂文，细细读一遍，读到每篇都能够了解，能够体会，怕要化（花）上一年半载的时间吧？

而且要读到每篇都能够了解，能够体会，又是谈何容易。这并不是说鲁迅的文章不容易读。鲁迅的文章很接受口语，没有什么语法上的错误，读起来并不难。只是现在的青年大都不甚了解过去的中国社会的情况，读鲁迅的小说就很难真切了解，更不用说深深的体会了。举一个例：抗战时期我在桂林，和几个青年朋友组织了一个读书会，有一次大家主张要读鲁迅的小说，我提议读《彷徨》里的《在酒楼上》和《孤独者》，把这两篇比较研究，在下次读书会里提出报告，加以讨论。结果下一次的读书会没有人能够作（做）报告。他们说，看是看过了，要做报告可不成，因为看不出什么名堂来。其实这两篇小说，在我们四五十岁的人读起来，真像嚼榄一样，余味无穷。《在酒楼上》的主人公吕纬甫和《孤独者》的主人公魏连殳，都是受过当时的所谓新教育的知识分子，但为什么吕纬甫后来竟变成一个"敷敷衍衍、模模胡胡（糊糊）"的人，"现在什么也不知道，连明天怎样也不知道"，只要得过且过就是，而魏连殳又变成一个"躬行我先前所憎恶，所反对的一切，拒斥我先前所崇仰，所主张的一切"，不惜泯灭自己来向社会复仇的人呢？不了解旧中国的社会情况，不懂得旧社会的人情世故，是讲不出其中的道理来的。像我们五十多岁的人，在过去的许多朋友中间可以找得出吕纬甫一类的人，也可能找得出魏连殳一类的人，而现在二三十岁的青年的朋友当中，就找不到这一类人了。时代变了，教青年人怎样能够一看就了解并且体会鲁迅的作品呢？至于鲁迅的杂文，都是所谓"攻击时弊"的，不知道当时实际情况的人，现在怎么能够看得懂。我敢武断的（地）说，现在的青年朋友都知道鲁迅先生伟大，都会说学习鲁迅，可是真有兴趣读鲁迅作品的人就不多，真能懂得鲁迅作品的人更不多。

针对此现象，他率先提出给鲁迅作品增加详细注释的解决办法：

根据上面所说的种种理由，我在纪念鲁迅的今天提出这样一个建议：

"请研究鲁迅的专家们，把鲁迅的小说和杂文，每篇加以详细的注释和讲解。"

这些注释和讲解可以另印专册，每篇但标篇名，不载原文。这样，可以避免侵害版权的嫌疑，而青年们有了这一本书在手头，就容易读懂鲁迅的作品了。[①]

宋云彬作为最早发表文章讨论此问题的人，他提出的为鲁迅作品加注的建议得到了有关人士和部门注意。1950 年 10 月 9 日，中宣部专门致信华东局宣传部和上海市委宣传部提到鲁迅全集的出版问题，其中明确提出"对鲁迅的重要作品加以注释"[②]。1958 年，第

[①] 宋云彬：《纪念鲁迅的一个建议》，《光明日报》1949 年 10 月 19 日。

[②] 中国出版科学研究所、中央档案馆编：《中华人民共和国出版史料（1950）》，中国书籍出版社 1996 年版，第 631 页。

一次加注释的 10 卷本《鲁迅全集》由人民文学出版社正式出版，此后注释日益成为人民文学出版社不同版本《鲁迅全集》的重要内容之一。

宋云彬还撰写了《从注释鲁迅作品说起》，继续提出鲁迅研究需要做的工作："鲁迅先生逝世十四年了，我们对于'研究鲁迅'的工作实在做得不够。为了使研究鲁迅的青年们得到很好的参考资料，注释鲁迅作品，编鲁迅年谱，写鲁迅传记等等工作，我们应该担任起来的。"① 此外，他还相继撰写了《怎么样读鲁迅的著作》、《鲁迅的方向，就是中华民族新文化的方向》、《我们要向鲁迅先生学些什么》、《从思想发展看鲁迅》、《鲁迅作品给我的启发》、《回忆鲁迅在广州》等文章，可以说，正是宋云彬等一大波接受了鲁迅影响而成长起来的五四青年，在 1949 年后不约而同地发起倡议，鲁迅及其作品才得以更为完善的方式出版发行，从而教育了一代又一代的青年读者。

除了致力于青年教育，宋云彬由于在出版总署工作的关系，还非常关心新政权下民营出版业的生存问题，其中尤以自己任职过的文化供应社和开明书店为代表。

对于文化供应社，宋云彬直接参与到新中国成立后其各项决策事务中。早在 1949 年到达北平后，宋云彬就数次与陈劭先晤谈，据其日记，"（1949 年 3 月 19 日）赴北京饭店访陈劭先，谈文供社情况"，"（1949 年 9 月 20 日）与李重毅、陈劭先商谈文供社事"，"（1950 年 7 月 9 日）李重毅、陈劭先先后来。晚赴陈劭先寓所，谈文供社事，

---

① 宋云彬：《从注释鲁迅作品说起》，《宋云彬文集》第 2 卷，中华书局 2015 年版，第 472 页。

李重毅、陈此生、胡愈之、章士敏等均在座，十一时半返寓"。① 在众人的共同决定下，中华人民共和国成立后文化供应社从香港迁到了北京。因任职于教科书编审委员会，宋云彬还对文化供应社教材予以力所能及的帮助，② 在教育部和出版总署发布的 1950 年中小学及师范教科书用书中，文化供应社的教材被审定选用 2 种。对比昔日的教科书出版龙头商务和中华的 8 种与 9 种，国营三联的 3 种，并不主攻此业务的文化供应社能获如此肯定，宋云彬于其中出力不小。③

　　1953 年，陈劭先同李任仁、陈此生以及在北京的文化供应社同人商谈，鉴于出版社的主要负责人均已在新的工作岗位任职，出版社完成了自己的历史任务，没有继续存在的必要，因此大家决定报请出版总署办理结束手续，文化供应社于 1953 年正式停业。10 年后的 1963 年，陈劭先宴请旧日同事，席间诸人共推宋云彬执笔写一篇记述文化供应社从创立到结束的经过的文章，宋云彬始终没有动笔，两年后的 1965 年才趁在家养病之际写毕初稿寄给众人传阅，可惜稿件在传阅中遗失。稍感欣慰的是，宋云彬曾在 1962 年执笔发表的《开明旧事：我所知道的开明书店》一文，为后人进一步研究开明书店及民国出版业留下了可靠的记录。

　　全国尚未解放，开明书店即派遣卢芷芬赴北平，随后在天津开设分店，恢复北方营业，宋云彬应邀参加了开明书店天津分店的开幕仪式，留下了分店开业热闹景象的文字记录：

---

　　① 宋云彬：《宋云彬日记》上，中华书局 2016 年版，第 154、223、274 页。
　　② 宋云彬：《宋云彬日记》上，中华书局 2016 年版，第 212 页。
　　③ 《一九五〇年秋季中小学教科用书的决定》，中华人民共和国教育部办公厅编：《1949—1952 年教育文献法令汇编》，1958 年，第 216—220 页。

（1949 年 5 月 14 日——引者注，下同）开明书店天津分店明日开幕，芷芬约余等赴天津。晨十时半王稚圃、李通汉来，同坐汽车赴东车站。十时五十分邵力子亦赶到。十一时开车，二时到达天津。开明书店在罗斯福路，闹市中心也。略进午餐，即赴大观园听白云鹏大鼓。晚间开明有晚会，新同业除新华书店外，均有代表赴会，《进步日报》徐胤、李纯青亦参加。

（1949 年 5 月 15 日）开明今日开幕，门市部拥挤不堪。黄药眠，陈迩冬，巴波等自香港北上，滞留在津，均来参观。①

上海解放后，开明书店派遣协理朱达君赴北平，与在新政府任职诸君商量公司未来，其间经过宋云彬有详细记载：

（1949 年 6 月 17 日——引者注，下同）下午六时，赴东车站接朱达君。火车准时到站，芷芬及上海开明两同事偕来。

（1949 年 6 月 18 日）中午在玉华台吃饭，座有朱达君、郑振铎等十余人。

（1949 年 6 月 19 日）下午四时朱达君来。下午偕往方悦和吃饭，开明北平分店同人公宴达君也。

（1949 年 6 月 20 日）晚与达君、振铎、芷芬、彬然及圣陶伉俪在润明楼聚餐，商谈开明今后方针。

（1949 年 6 月 21 日）达君、伯宁今日均附搭专车南返。下午达君来，四时同赴北京饭店，至陈叔老、黄任老等卧室，应酬

---

① 宋云彬：《宋云彬日记》上，中华书局 2016 年版，第 173—174 页。

一番。在北京饭店晚餐，与达君等同车赴东车站。

（1949 年 8 月 4 日）芷芬赴沪时，余与圣陶、彬然、振铎等曾提意见，请开明编辑部一部分人员来北平，在平设编辑分所。余等原意，无非以将来首都在北平，北平为人才集中之地，在此设一编辑机构，编书征稿，均较方便耳。①

可见，考虑到北平在成为首都后，即将成为中国的政治、经济、文化中心，大家提出了希望出版社在北平设编辑所的建议。此后，经过 10 月份的一番商议，开明书店在北京诸人的建议下，于年底决定顺应大势，于 1950 年 2 月 16 日向出版总署正式呈文提出公私合营的申请，出版总署于 4 月 3 日作出回复，同意出版社的申请，"惟以贵店现有之资产及存储原料状况，贵店应首先就原有资金恢复生产，逐渐发展，至于国家大量增资，尚无必要。因此，本署拟先从编辑、出版、发行及加强干部教育等方面，由国家予以协助和指导，从而配合国营书店，担负并发展一定的出版业务，以逐步走向完全的公私合营"。即采取了出版总署不投资，予以业务指导的"公私合作"形式，等将来时机成熟再考虑公私合营。②1953 年，开明书店与团中央直属的青年出版社正式合并组建为中国青年出版社，胡愈之、叶圣陶、宋云彬、傅彬然等一大波老开明人为其前途命运群策群力，均做出了不可磨灭的贡献。

---

① 宋云彬：《宋云彬日记》上，中华书局 2016 年版，第 183—184、202 页。
② 《中央人民政府出版总署关于开明书店股份有限公司请求与国家合营的复函》，上海市档案馆藏，B1-1-1887-15。

第七章

主持浙江文教

一、勤于政事

　　1950 年 12 月 22 日，中央人事部提名宋云彬为浙江省人民政府委员会委员，一个月后，宋云彬收到了浙江省政府主席谭震林的来信，"表示欢迎之意"。[①]1951 年 2 月 10 日，宋云彬同周建人夫妇、许昂若夫妇、俞寰宸夫妇及沈兹九一道赴杭参加浙江省人民政府委员会成立及委员就职典礼。一行人于 12 日抵达杭州，受到了浙江省政府热烈欢迎，15 日就职典礼举行，16 日省政府召开扩大会议。

---

　　① 宋云彬：《宋云彬日记》上，中华书局 2016 年版，第 302 页。

据宋云彬日记所记："上午谭震林主席报告《浙省人民政府二十个月来的工作概况及一九五一年的工作任务》、谭启龙副主席报告《关于土地改革工作》、张劲夫委员报告《关于财经工作主要情况》。下午李丰平委员报告《关于政法工作情况》、林乎加委员报告《关于文教卫生工作情况》。"[1] 宋云彬认真履行职责，他在小组会议发言中，首先称赞了政府的工作报告，认为这份报告是完全切实的，自己完全同意。在谈到土地改革的问题时，他认为浙江省的土改工作做得非常好，完成了浙江省翻天覆地的大事。他主要谈到了对于文教工作的看法，希望自己能多与负责文教的同志沟通，为文教工作多做贡献。他提到浙江省素有"文物之邦"的美名，学术发达，"浙东学派"倡导的爱国主义优良传统至今仍具有现实意义，固有的民族优良传统是可以和当今的爱国主义精神结合起来的。最后，作为民盟成员的宋云彬，希望统一战线越来越巩固，将浙江建设得更好。[2]

1951 年 3 月宋云彬回京，统战部希望他能到杭州主持民盟工作，他最后听从组织安排，决定离开人民教育出版社，于 9 月正式赴浙江。

从 1951 年 9 月至 1958 年 8 月，宋云彬一直在浙江工作。1952 年 10 月，他被任命为浙江省人民政府文化教育委员会副委员；1953 年 3 月，被聘任为浙江省文史馆副馆长，9 月，被选举为民盟浙江省支部副主任委员兼文教委员会主任委员；1954 年 7 月，当选为浙江省文联主席；1955 年，被任命为浙江省体育运动委员会主任。在诸多职务中，文教方面显然与宋云彬联系最为紧密，他亦主要用心于此，其中最值得一提的是他大力促成了章太炎迁葬杭州。

---

① 宋云彬：《宋云彬日记》上，中华书局 2016 年版，第 309 页。

② 《省府委员会第一次扩大会议发言》，《浙江日报》1951 年 2 月 23 日。

对章太炎的人与文，宋云彬都极为佩服。1936 年 6 月章太炎病逝后，宋云彬特意在《中学生》撰文《章太炎》，分"章太炎是近代经学大师"、"章太炎在小学方面成就最大"、"章太炎是一个民族主义者"三节向小读者介绍章太炎的文学成就、思想特点、历史地位。[①]其后，宋云彬还陆续写了《读〈訄书〉》、《章太炎逝世三周年》、《从章太炎谈到刘申叔》、《章太炎的学术思想及其影响》、《纪念太炎先生》、《章太炎先生的一封信》、《谈章太炎的文章》等文章，可见他对章太炎的崇敬之情。

1936 年 6 月，章太炎病逝于杭州，他生前仰慕明末文学家、抗清英雄张苍水，表示"生不同辰，死当邻穴"，希望自己能葬在西湖南屏山张苍水墓侧。7 月 1 日，国民党中央政治委员会第 17 次会议，作出了"章炳麟应予国葬，并受国民政府褒恤"的决定，在 7 月 10 日，《中央日报》正式公布了国葬令。

当时日本侵华战争一触即发，国葬难以展开，而在抗战爆发后，其家人逃难，只得将其暂时浮葬于苏州章家后花园。宋云彬对此事一直铭记在心。抗战胜利后，国民党忙于准备内战，所谓"国葬"沦为一纸空文。章太炎迁葬一事受局势影响，一再拖延，直到新中国成立后，此事在周恩来总理、最高人民法院院长沈钧儒、高等教育部部长马叙伦的关注下，才得以顺利进行，宋云彬时任浙江省政协副主席、省文联主席、省文史研究馆副馆长，义不容辞地予以了协助。[②]

1951 年，上海市人民法院副院长叶芳炎，作为章太炎的入门弟

---

① 宋云彬：《章太炎》，《中学生》第 67 期，1936 年 9 月 1 日。

② 关于章太炎迁葬始末，参见章念驰：《章太炎营葬始末》，陈平原、杜玲玲编：《追忆章太炎》，中国广播电视出版社 1997 年版，第 154—167 页。

子，率先致信浙江省政府，希望解决此事。浙江省政府回函应允。但墓地地价税是一笔不小的开支，11 月 12 日章太炎夫人汤国梨为此访宋云彬，可惜宋云彬外出，她只能"留条而去"①。后来，沈钧儒与马叙伦为此函请浙江省省长谭震林给予协助，后者将来信转交杭州市政府。章太炎的好友田桓更为此事专门致信周恩来，周恩来复函："你的提醒很好。这是件大事，我们一定要安排好。我已发函告诉江浙两省隆重处理。"② 在周恩来的亲自过问下，迁葬一事进入正式议程。

　　宋云彬日记将其间过程予了更详细记录。③1954 年 9 月 3 日，"十一时与姚顺甫同赴北京饭店向代表报到处报到，乘便看包达老，适沙文汉亦在座，与沙谈及章太炎安葬问题，沙谓可再与齐燕铭商谈，请齐向周总理请示，如周总理有所指示，则此事易办矣。"④10 日，宋云彬"致函马叙伦，为章太炎安葬问题"⑤。13 日，宋云彬得到马叙伦复信："章太炎先生葬事，往年章夫人一再相商，得中央许拨张苍水墓近之地，惟章夫人期期于国葬名义，蹉跎迄今。现据教示，知仅在经费一节，并欲伦为进商，自当努力。弟恐近月总理无此暇日相晤，倘有机会，仍当请命。"⑥

　　此后数月，宋云彬就迁葬一事多次与各级部门沟通：

　　　　（1954 年 11 月 30 日——引者注，下同）前为章太炎葬事，

　　①　宋云彬：《宋云彬日记》中，中华书局 2016 年版，第 352 页、

　　②　参见章念驰：《章太炎营葬始末》，陈平原、杜玲玲编：《追忆章太炎》，中国广播电视出版社 1997 年版，第 154—167 页。

　　③　下文参见俞国林：《宋云彬旧藏书画本事考》，《中国文化》2016 年第 1 期。

　　④　宋云彬：《宋云彬日记》中，中华书局 2016 年版，第 468 页。

　　⑤　宋云彬：《宋云彬日记》中，中华书局 2016 年版，第 470 页。

　　⑥　《1954 年 9 月 12 日马叙伦致宋云彬信》，海宁市档案局（馆）、海宁市档案学会、中华书局编辑部编：《宋云彬旧藏书画图录》，中华书局 2015 年版，第 174—175 页。

致函齐燕铭，请中央电浙省人民政府，从速协助办理。今接二十七日齐燕铭复函，谓"来函敬悉。关于章太炎先生移葬杭州事，国务院秘书厅又于十一月二十七日电华东行政委员会并浙江省人民政府请即协助办理。望在杭就近查询"。

（1954 年 12 月 2 日）赴图书馆，与阎声商谈章太炎改葬事。

（1954 年 12 月 3 日）上午写长信致沙文汉，言三事：……（二）章太炎改葬西湖，沙谓西湖为风景区，不宜造新坟，特为之解说。……（下午）赴图书馆，看阎声，示以致沙文汉信，阎声同意，遂付信差送去。

（1954 年 12 月 6 日）下午二时，赴文史馆，商讨章太炎葬事及文史馆添聘馆员，造报预算等事，张阎声、邵裴子均出席。①

最终议定安葬的全部费用悉由国家承担，参加葬礼的人，由国家招待。1955 年 3 月 30 日章太炎先生治葬委员会在《浙江日报》发布启事："兹定三月三十日自苏州恭迎章太炎先生灵柩迁葬于杭州南屏山北麓（张苍水墓东南）。四月三日（星期日）上午十时在墓场举行公祭，祭毕安葬，特此公告。"②

4 月 3 日，浙江省政府为章太炎先生举行了安葬仪式，葬礼由马一浮主持，全国政协和江、浙两省的党、政机关都送了花圈。宋云彬当日日记略记了整个过程。但不到一年，出于各种考虑，从 1956 年 2 月 21 日开始，到 3 月 1 日，西湖周边超过 12 座名人墓葬被拆除，

---

① 宋云彬：《宋云彬日记》中，中华书局 2016 年版，第 491—494 页。

② 《章太炎先生治葬委员会启事》，《浙江日报》1955 年 3 月 30 日。

这其中包括秋瑾、徐锡麟、苏小小、武松的墓。[①] 章太炎墓虽然尚不在其中，但照此趋势，被拆也是早晚的事。

1956 年春，民主人士费孝通游览西湖，7 月 26 日在《人民日报》发表了一篇文章《为西湖不平》，客观上认同拆坟的做法：

> ……古迹可真看到不少：不妨屈指数一数，差不多有一打的坟。我回到旅馆，坐定了，似乎有所发明地向指引人发表了我的结论，西湖原来是个公墓，而且这个公墓还有一个规格，一律是土馒头，洋灰水泥或是三合土。
>
> ……这样一个内容丰富的西湖，为什么采取了这个公墓形式来表现呢？……
>
> ……除了埋葬了尸体之外，就没有其他形象来表示我们这些美人美事了么？……[②]

对于费孝通的文章，宋云彬并不认同，文章发表当天他即在日记中写道：

> 上午看《人民日报》，见第八版登了费孝通写的一篇文章，题名叫《为西湖不平》。他讨厌西湖上的坟墓，说像个土馒头，非常讨厌；又讨厌岳飞的塑像，说是个泥菩萨。他说的话不是没

---

① 关于"西湖拆坟"的详细讨论，请参见章华：《1957 年宋云彬被打成"右派分子"原因考——以"西湖拆坟"和"龙泉拆塔"等文物保护政策冲突为视角》，硕士学位论文，华东师范大学 2018 年。

② 费孝通：《为西湖不平》，《人民日报》1956 年 7 月 26 日。

有理由，但看问题不全面，而且经他这样一说，一般蓄意破坏西湖古迹和风景的妄人如余森文之流倒振振有词了。想写篇短文来纠正他，可是思想不能集中，写不出。打电话给振铎，问他看过费孝通的文章没有，他说没有来得及看。下午二时半吴觉农来谈，谈了两小时。六点钟郑振铎来，同赴大同酒家吃饭。振铎刚刚陪周总理看了全国国画展览会，周说："今天费孝通那篇文章还不错，我也有同感。"又说，"此次杭州掘坟，我去电报叫他们恢复，但是忘记补充一句话，就是不一定要恢复原来的样子。"饭后坐了振铎的汽车去看圣陶，谈到九点多钟才回来。①

宋云彬没有写与费孝通商榷的短文，不过在 10 月他在《鲁迅和章太炎》一文后还是提及了此问题："但是写到这里，忽然有一种感慨，觉得又非说出来不可。那就是，章太炎的遗体于前年迁葬西湖南屏山麓，今年春天，据说有人准备把他的遗体从坟里挖起来，迁葬到别的什么地方去，虽然被及时制止了，但到现在还没栽上一枝树，以后能不能遂他生前的志愿，永远葬在民族英雄张苍水墓的旁边，还是一个问题。"② 宋云彬对章太炎墓葬的关注，也体现在他对其他名人墓葬的保护上，在他和一批民主人士的努力下，周恩来总理亲自过问了"西湖拆坟"事件，不仅章太炎的墓葬得以保全，所有之前被拆的名人墓葬都予以了恢复，事情最终得以妥善解决。

---

① 宋云彬：《宋云彬日记》中，中华书局 2016 年版，第 568 页。
② 宋云彬：《鲁迅和章太炎》，《宋云彬文集》第 2 卷，中华书局 2015 年版，第 698 页。

二、为文物与古籍发声

1949 年后，宋云彬为新政府所看重，他充分行使职责，发挥文史方面的专长，大力提倡保护文物。

例如宋云彬回乡时，曾为硖石蒋氏衍芬草堂藏书捐献一事积极奔走。衍芬草堂，创始者为蒋光焴（1825—1892），藏书多达十万余卷，其中有相当数量的精品。在抗战期间，后人将遗籍携带至上海，其中珍本保存在银行保险柜，确保了藏书的安全。新中国成立后，如何处理藏书成了一大问题。宋云彬和蒋氏后人取得联系，建议后者有偿捐献国家。

1951 年 5 月 11 日，国家文物局局长郑振铎正式致函浙江省文管会，要求为了避免散失先行接管藏书：“硖石蒋家的书，怕有散失，亟需先行接管。”在经过一番调查核实后，国家决定以 1 亿元收购衍芬草堂藏书，并派赵万里南下处理此事。宋云彬从中沟通，要求浙江省文管会接洽办理。

1953 年 6 月 16 日，浙江省文管会正式报告省政府关于藏书的处理情况：“查海宁硖石蒋氏衍芬草堂藏书，已有近二百年历史，其中宋刊孤本、名人抄校之本、名闻全国者为数不少。自一九五一年以来，中央文化部社会文化事业管理局曾派员先后向蒋家洽购，至本月（六月）初，钧府文化教育委员会宋云彬副主任自北京致函本会郦承铨副主任，略谓中央社管局郑振铎局长拟以一亿元收购蒋氏藏书归国家所有，嘱代为接洽。旋又得宋副主任第二次信，谓社管局决定派赵万里南来办理此事，嘱我会与省立图书馆各派干部前往硖石协助点接。并云该批图书将来分别以一部分留浙江，一部分留华东，一部分归中央等语。"

10月10日，中央文化部社管局下文浙江省文管会："我局前收购蒋氏衍芬草堂藏书一批，其中一部分书籍计641种，共9600册，另附详目一份，已有赵万里同志点交你会。"嘱补办正式拨交手续。至此，对海宁硖石蒋氏衍芬草堂藏书的收购工作基本完成，① 而宋云彬于其中的协力不少。

宋云彬在浙江恪尽职守，积极倡导文物保护工作的正常化。1956年6月14日，宋云彬出席第一届全国人大第三次会议，对文物工作，提出了自己的建议。他首先就文物保护人才的培养提出意见：

第一，关于培养和充实干部方面：（一）综合大学的历史系应该设立考古专业，由北京大学考古专业和科学院考古研究所负责规划，于第二个五年计划期内实现。（二）继续举办短期的考古训练班，抽调优秀青年参加学习。（三）各省市文化局应该有熟悉文物业务的专职干部；省市文化局应该设文物科；各地文管会和博物馆的编制名额应该增加。（四）田野考古人才固然要培养，鉴别各项文物如字画、碑帖、版本、纸币、印章等等的专门人才也要培养，因为老一辈的专家日渐减少，不培养下一辈，就有脱节的危险。（五）原来经营古董、字画、碑帖的守法的商人，其中很多是具有相当鉴别能力，经过社会主义改造，可以大大发挥作用的，各省市文化局、文管会和博物馆应进行调查，并加以

---

① 参见钱文艳：《建国初期浙江省对私家藏书的保护研究》，《图书馆研究与工作》2018年第10期。

规划，让他们参加文物保护工作。（六）各省市文化局、文管会和博物馆应该替各县、区训练和培养文物工作干部，并且把这一项工作列入业务计划。（七）中央文化部应该对提高各省市中上级文物工作干部的业务水平有所措施，例如分批调来北京或考古工作典型地区参观、学习。

其次，他还希望扩大建筑保护的范围：

第二，关于古建筑的保养和修复方面：（一）全国范围内的古建筑是非常多的。在欧洲，十七八世纪的建筑物已经非常宝贵，而我们却把明代的建筑物看得极平常。这显然是不对的。我认为明代建筑物应该保护，清代太平天国以前的有代表性的建筑物也应该保护。（二）我国到处有佛塔，不但点缀风景，而且具有历史价值，应该加以保护。有已经坍掉而特别具有历史价值，一向为人民所喜爱的如南京报恩寺塔、杭州西湖的雷峰塔，将来还得考虑重建。

最后，他强调文物保护应该大力宣传，使之成为人人应尽的责任：

保护文物不仅仅是文物管理部门的事情，所有地方文化教育部门、农业生产部门、工程建设部门和基层群众团体等都有责任。目前的紧要措施，除了在全国范围内进行普遍调查工作以外，应该大力宣传，在农业生产建设中开展群众性的文物保护工作。这一点，最近国务院发出的通知里也已经给指出来了。①

宋云彬提出的建议，是一名文史专家的远见卓识，但在当时氛围中，显得有些曲高和寡，而他为浙江省内刚发生的"龙泉拆塔"事件大胆发声，希望严惩毁坏文物者，则为之付出了巨大的代价。

"龙泉拆塔"是新中国成立初期影响较大的一次文物破坏事件。②龙泉县位于浙江省西南部，由温州专区管辖。龙泉县自古佛教信徒众广，寺庙甚多，县境内有崇仁寺，即金沙寺，内有华严塔（金沙塔），另有崇因寺，寺内有相互对峙的两座七级砖塔，三座佛塔均是历史久远的佛教胜迹。"龙泉拆塔"，指 1956 年 1 月间，浙江省龙泉县副县长张恢吾和县民政科科长王衍信为了修筑龙泉县城关镇新华大街，未向浙江省文管会上报就直接拆毁金沙寺塔和崇因寺双塔，用塔砖铺路。同时，在拆塔过程中，张恢吾和王衍信不顾县文化馆干事尤文贵的阻止，私自烧毁塔内大量唐宋手写经卷，并将塔内的金银法器熔后变卖，造成了无法挽回的巨大损失。③

尤文贵撰写了关于"龙泉拆塔"事件的材料，分别寄送给了中国科学院院长郭沫若、浙江省委宣传部、温州地委。1956 年 12 月 7 日，温州文管会主任吴兆瑛在《浙江日报》发表《龙泉县拆毁三座古塔》，同时该报还刊发《不可弥补的损失》一文，批判了龙泉干部粗暴破坏文物的行为，《人民日报》于 12 月 13 日跟进报道了

---

① 宋云彬：《我对文物保护工作的意见和建议》，《人民日报》1956 年 6 月 23 日。

② 参见章华：《1957 年宋云彬被打成"右派分子"原因考——以"西湖拆坟"和"龙泉拆塔"等文物保护政策冲突为视角》，硕士学位论文，华东师范大学 2018 年。

③ 《国务院关于浙江省龙泉县和湖北省均县破坏文物事件的通报》，《中华人民共和国国务院公报》1957 年第 9 期。

拆塔事件。

"龙泉拆塔"事件由于其恶劣性,引起了国家相关部门的重视。文化部副部长郑振铎决定亲自处理此事,他把此事经过上报了周恩来总理。1957年1月上旬,浙江省人民检察院、浙江省监察厅和中共浙江省监察委员会在中共温州地委和龙泉县委的配合下,对拆塔事件进行了第一次调查。紧接着在2月中旬,浙江省人民检察院、浙江省监察厅、中共浙江省监察委员会、浙江省文化局、浙江省文物管理委员会,会同中央监察部、文化部、中共温州地委和龙泉县委进行了第二次调查。两次调查历时45天。在经过一系列的讨论后,龙泉县在第二届人民代表大会第二次会议上对拆塔的当事人作了最后的处罚,罢免张恢吾和王衍信的职务。

虽然此事告一段落,但宋云彬认为对责任人处理得不够严格,他提出应该将责任人移送司法机关处理。在1957年5月31日由浙江省统战部召集的各民主党派负责人和部分委员座谈会上,宋云彬再次以"龙泉拆塔"为例谈起了浙江省的统战工作。他认为党在抗战时期的统战工作是很好的,但是目前存在对知识分子缺乏了解,忽视知识分子的情况。由此,他谈及党员的教育问题,他认为当时一些干部农民意识比较浓厚,接受新知识的速度慢,不懂得科学文化对社会主义建设的重要意义等。这些看法在特殊的历史时期却起到了反作用。在1957年7月1日浙江省民盟省市组织联合举行的杭州盟员大会上,宋云彬被错划为"右派分子"。① 对此人生遭际,宋云彬感慨万千,他在1958年3月1日的日记中写道:

---

① 《号召盟员投入反右派斗争》,《杭州日报》1957年7月1日。

　　春节以来酒肆有好绍兴酒出售，余无夕不饮。偶成一绝云："驱遣牢愁酒一杯，名山事业敢心灰。十年悔作杭州住，赢得头衔右派来。"①

宋云彬没想到的是，出版成为他最后的人生寄寓。

1950 年 4 月 2 日，宋云彬在《光明日报》发表文章，针对古籍出版提出了非常有建设性的意见。他认为古籍出版到了"结帐式"的阶段了：

　　到今天，应该来做"结帐式"的整理工作了。这个工作，只有目前年纪在五十岁上下，对于研究古书有兴趣，古书读的比较多，头脑比较清醒，懂得历史的辩证发展的人来做。人生不满百，再过三四十年这些人都已作古。而那时候的"年纪五十岁上下"的人，未必读过很多的古书，就无法完成这个任务了。我所说的结帐式的整理，方法也很简单。就是认定一种古书，把以前人所有讲到这一本古书的，不论是注疏，考证，或者短短的几句话，通统搜集起来，加以比较研究，拣其中已经成为定论，不必再有怀疑的，就用简单明瞭而又正确的文字注出来。如果碰到有几种说法，而都持之有故，言之成理，一时未能断定哪一说对的，就不妨几说并存——自然，如果有真知灼见，也不妨把自己的意见写出来，或者批驳哪一说不对，或者自立一说，让读者自己去判断。……

---

　　① 宋云彬：《宋云彬日记》中，中华书局 2016 年版，第 621 页。

从上文可见，所谓"结帐式"，就是在出版古籍的时候，把前人已成定论的疏证收集注释在该书之中，以促成优秀文化的传播。

宋云彬还进一步要求，整理古籍应该成为一门工作，而不能交由"专家"去做，因为后者存在学问上的门户之见，不利于各种不同思想的交流：

> 我认为整理古书应该当作编辑工作来做。这个工作决不能交给所谓"专家"去做。因为"专家"到了太"专"的时候，往往有一种门户之见。我们假定拿一本《春秋左氏传》交给章炳麟去整理，他准会注上一大堆今古文家互相驳难的废话；如果交给康有为去整理，他准会大骂刘歆一顿，结果连书名都要改作《左氏春秋》的。这种做法，真是徒乱人意。我们不需要作这样的整理。我们只要把古书重新加简单明瞭而又正确的注，让为要批判的接受文化遗产而读古书的人，有了这样一本书，就可以读下去，不必再去找一大堆参考书。……所以我们整理古书，必须用结帐的办法。有几笔帐已经可以算清楚的，我们就把那总帐写出来，不必把分类帐列出来了。有几笔帐还不能总结的，就不妨挑顶重要的列出来，让将来的人来清算，来作总结。

宋云彬最后补充"结帐式"整理出版古书，是为了更好地研究：

> 有一点还得加以说明。我说的是整理古书，并不是批判古书。整理古书的任务，只限于总结或清算过去的一笔杂乱的帐，使后来读古书的可以一目了然，不必再多费时间。换句话说，让

那些想做批判古书工作的，或者为要批判的接受文化遗产而去读古书的先生们，省一番检查和考证的工夫。①

在被错划为"右派"之后，宋云彬有了将工作转移至古籍整理的想法：

> （1958 年 2 月 23 日——引者注）下午二时，应省委书记江华之邀，赴大华饭店参加座谈。被邀者有王国松、王承基、李寿恒、李士豪、胡海秋、马文车及余，皆所谓"右派分子"也。此外有马一浮、汤元炳、王琏、王季午、徐赤文、陈礼节、吴□民、吴山民。省委统战部正副部长余纪一、黄先河、朱之光均参加。江华谈浙江工农业计划甚详。并备晚餐。晚餐后马一浮先告辞而去。余等继续座谈。所谓"右派分子"均有所表示。余以《编纂〈史记集注〉计划（初稿）》一份交江华。②

宋云彬还将此计划印了 16 份，分寄叶圣陶、王伯祥、郑振铎、齐燕铭、傅彬然、金灿然、章雪村、徐调孚、陈乃乾、余纪一、黄先河、朱之光、朱宇苍、夏承焘、邵裴子、马一浮。宋云彬的个人计划与此时国家在古籍整理出版上的动作不谋而合，他的人生轨迹再次因出版而改变。

宋云彬日记 7 月 11 日记载："上午赴省协商会与统战部白处长晤谈，白谓中央统战部有信来，促余赴北京，有愈快愈好之语。问以要

---

① 宋云彬：《略谈整理古书》，《宋云彬文集》第 3 卷，中华书局 2015 年版，第 73—74 页。
② 宋云彬：《宋云彬日记》中，中华书局 2016 年版，第 620 页。

我赴北京作何事，则语焉不详，但谓据彼了解，恐系中华书局请参加整理古书工作。"①7月28日，宋云彬接到了中华书局的第76号函：

云彬先生：

　　你给金灿然同志的信收到了。所问各点答复如下：

　　一、你来我局以后，工作完全要服从分配。至于《史记集解》工作是否继续进行，也要看工作需要而定，目前很难作具体答复。

　　二、北京住房很挤，最多能分配到两间，你究竟带几口人来，请自行决定。你可以在九月份北来。

中华书局编辑部

一九五八、七、二三②

1958年9月6日，宋云彬偕妻离杭赴京，一块熟悉的领域，一份全新的工作，在等待着他。

---

① 宋云彬：《宋云彬日记》中，中华书局2016年版，第643页。

② 宋云彬：《宋云彬日记》中，中华书局2016年版，第646—647页。

第八章

编辑晚年

一、点校《史记》

　　新中国成立后，党和国家领导人高度重视古籍的整理出版工作，中华书局更将此视作本社的应有之责。1954 年出版社制定了出版点校本《史记三家注》的计划，并约请顾颉刚负责。1957 年，古籍出版社并入中华书局，中华书局的编辑力量得到进一步加强。

　　1958 年 2 月 9 日至 11 日，国务院科学规划委员会在北京召开古籍整理出版规划小组成立大会。会议公布齐燕铭任小组组长、金灿然任小组办公室主任。会议确定了古籍整理出版的六项重点工作，并将整理出版"二十四史"

作为重点规划项目责成中华书局制定具体方案开展工作，而中华书局则被指定为小组的办事机构。①4月，金灿然又被任命为中华书局总经理兼总编辑，以推进古籍整理出版工作顺利展开。在任期间，金灿然力排众议，陆续调进一批错划为"右派分子"或被错定为"内控对象"的专家学者，宋云彬就是其中之一。②

1958年7月，毛泽东主席指示吴晗和范文澜组织点校"前四史"。9月13日下午，范文澜、吴晗邀约科学院历史所的尹达、侯外庐，中华书局的金灿然和地图出版社的张思俊，共同研究具体落实方案，并形成了《标点"前四史"及改绘杨守敬地图工作会议记录》。会后，范文澜、吴晗联名于10月6日致信毛泽东：

> 关于标点前四史的工作，已遵示约同各方面有关同志讨论并布置，决定于明年十月前出书，作为国庆十周年献礼。其余二十一史及杨守敬历史地图改绘工作，也作了安排。（标点本为便于阅读，拟出一种平装薄本）现将会议记录送上，妥否乞指示。

几天后，毛泽东回了信，说计划很好，望即照此实行。③此后，《二十四史》点校工作拉开大幕。

---

① 张玉亮：《档案中的历史侧影：古籍小组与中华书局简记》，《中国出版史研究》2018年第1期。

② 齐浣心：《中国出版家·金灿然》，人民出版社2018年版，第215页。

③ 《范文澜、吴晗关于点校"二十四史"中的前四史给毛泽东的信》，《出版史料》2006年第2期。

宋云彬于 9 月 13 日到达北京，16 日去中华书局开始办公。①《史记》作为前四史之首，加之要在中华人民共和国成立 10 周年前出版，时间短，任务重，宋云彬此后的日记连续记录了点校初期的情况。

此前顾颉刚已标点出部分草样。但由于其标注形式繁琐，而且存在错误，依照其拟定的凡例进行是无法在国庆前完工的。宋云彬所做的首要任务就是重新拟定标点凡例：

（1958 年 9 月 22 日——引者注，下同）余在乃乾之工作室草拟标点《二十四史》凡例。

（1958 年 9 月 23 日）拟标点《二十四史》分段提行说明。据金陵局本《史记》校黄善夫本及殿本之异体字，以决定将来排印时能否统一字体。

（1958 年 9 月 25 日）聂崇岐交回审阅的《史记》标点稿第一批。晚饭后，赴东四八条三十五号看叶圣陶，谈标点《史记》问题，回来已十一时矣。

（1958 年 9 月 26 日）上午与金灿然谈《史记》标点问题，将顾颉刚所标点的和我所标点的式样各印样张一份，先寄聂崇岐等，然后定期开会讨论。《史记》原定年内出版，作为一九五九年新年献礼，但顾颉刚之标点问题甚多，改正需要甚长之时间，年内出版绝对不可能矣。

（1958 年 9 月 27 日）写好标点样张交金灿然。

（1958 年 9 月 30 日）下午，开会讨论标点《史记》问题，

---

① 下文参考了徐俊：《宋云彬：点校本"二十四史"责任编辑第一人》，《中华读书报》2012 年 2 月 22 日。

出席者：金灿然、张北辰、顾颉刚、聂崇岐、齐思和、傅彬然、陈乃乾、章雪村、姚兆（绍）华及余。余发言甚多。①

10月16日，宋云彬完成了7000字的《关于标点〈史记〉及其三家注的若干问题》一文，附在致金灿然的信中，交由姚绍华转。当时大炼钢铁运动正在全国范围内展开，中华书局也成立了"十月人民公社"，宋云彬的日记留下标点工作与大炼钢交替进行的历史场面。

虽然工作繁忙，可相比于杭州时的政务缠身，对于点校《史记》的工作，宋云彬是很投入的。他自己在总结中专门写道："我来北京三个多月，心情一直是愉快的，工作劲头也相当大。在工作方面（主要是标点《史记》）也感觉到尚能胜任。我一定要努力学习，努力工作，来加速自己的改造。希望党和群众严厉地监督我，鞭策我。"②

宋云彬对《史记》点校之用心由其执笔的《出版说明》与《点校后记》可证一二。宋云彬执笔的《出版说明》中谈到了点校遵循的规则："现在我们用金陵局本作为底本，分段标点。为便利读者起见，把原来散列在正文之下的三家注移到每段之后，用数字标明（十表除外）。其他编排格式也有所改动。""标点符号照一般用法。惟括弧（圆括弧和方括弧）一般都作为夹注号用，我们却用来标明字句的应该删去和应该补上。我们没有采用破折号，凡是可以用破折号的地方都用句号。我们也没有采用删节号来标明某处有脱文，用删节号恐怕引起读者误

---

① 宋云彬：《宋云彬日记》中，中华书局2016年版，第656—658页。
② 宋云彬：《一个月来学习工作思想情况》，中华书局人力资源部藏。

会，以为是删节了原文。"① 而《点校后记》则把点校方面的情况给读者
做了详细说明。②

在《史记》的点校过程中，宋云彬屡次向王伯祥请教。王伯祥作
为《史记》研究专家，1955 年他的《史记选》由人民文学出版社出版，
是当时学界公认的最好选本。宋云彬多次与老友商议各种问题，确保
了点校工作得以顺利进行。

在初校、复校和终校工作中，宋云彬与叶圣陶也进行了多次商
议。在 1958 年至 1959 年间，关于《史记》的问题，就有数十次的商
讨，其中留存在中华书局"二十四史"点校档案中的宋云彬与叶圣陶
就"黯憸心不能无少望"如何断句的一则材料说明了两人做事的认真
与细致：

> 宋云彬问：我一向认为当以"黯憸"为读，"心"字属下为
> 句，谓汲黯性子憸急，心里不免有点怨望。然而我讲不来文法，
> 不能说出所以然。同时《辞源》、《辞海》都有"憸心"条，《辞源》
> 仅引《诗》"维是憸心，是以为刺"，《辞海》索性连《史记·汲
> 黯传》的"黯憸心"也引来作例子。伯翁《史记选》也以"憸心"
> 连读，且加注释。顷读杨遇夫先生《马氏文通刊误·自序》，说
> 到马氏误读古书，举出许多例子，其中一个就是《汲黯传》的"黯
> 憸心不能无少望"，说"应以'黯憸'为读，而马氏乃以'憸心'
> 连读"。杨氏之言，实获我心。弟意如果史公原意亦"憸心"连读，
> 则当作"黯心憸，不能无少望"，庶合古文文法。但我对于文法

---

① 《出版说明》，《史记》，中华书局 1959 年版，第 5—6 页。
② 参见《点校后记》，《史记》，中华书局 1959 年版，第 1—23 页。

实在懂得太少，所以往往知其然而不能道其所以然。不知您的看法怎样？

叶圣陶回信说："今晨接惠书，灯下敬答所问，书于别纸。这类问题很有趣，我乐于想一想。"接着回答说：

"黯黮心……"一句，照我想，还是要让"黮心"连在一块儿。"黮心"二字是个形容词性质的词组，与"小器""大度"之类相似。"黯黮心"等于说"黯黮急"。"黯不能无少望"，很完整。现在插入一个形容性词组，说明"不能无少望"的原故。如果作"黯黮"，不知汉和汉以前有单用"黮"字的例子否。我猜想恐怕没有。我又猜想太史公这儿的"黮心"就是从《诗经》来的。①

《史记》点校本汇聚了众多人的心血，除了宋云彬外，聂崇岐也是标点《史记》的另一位重要参与者，他的自存点校本《史记》第一册扉页的题识，也记录了众人对《史记》的反复核校。②

1959 年 9 月，由贺次君初点，顾颉刚复点，宋云彬过录重点，聂崇岐外审的点校本《史记》作为国庆献礼出版。中华书局点校本《史记》从 1959 年出版第一版，到 1982 年出版第二版，在 2013 年修订版出版之前，54 年的时间共印行了 27 次，发行近 60 万套，③成为流通最大的版本，影响深远，泽被后世。

在点校本出版后，宋云彬积极听取各方面的意见，为将来的再版

---

① 转引自徐俊：《宋云彬：点校本"二十四史"责任编辑第一人》，《中华读书报》2012 年 2 月 22 日。

② 转引自徐俊：《宋云彬：点校本"二十四史"责任编辑第一人》，《中华读书报》2012 年 2 月 22 日。

③ 杨牧之：《〈史记〉修订本的成绩和出版的意义》，《中华读书报》2014 年 3 月 19 日。

做准备：

> 去年我在参观密云水库的时候，见到顾颉刚先生，他告诉我，有位苏联专家正在翻译《史记》，用中华书局出版的《史记》作底本，发现好多处标点错误，而且错得很不应该。我问他哪几处有错，他说记不清了，只记得"鲁天子有命"的"鲁"字不应当标。我当时听了还有点不大相信，第二天一早到局里来，取原稿一看，果然是我在"鲁"字旁加上了标号，而顾先生（贺次君先生）是不加标号的。我心里很难过，怪自己为什么会闹出这样的笑话来。起初我还只归咎于自己太粗心大意，还想到当时要赶国庆献礼，时间迫促，所以工作就粗糙了。后来又发现了上面所举的另外两处的错误，我才作进一步检讨。我曾经对赵守俨同志说过，我所犯的错误应该提到原则上来检讨，完全是思想和立场的问题。①

1961 年春夏，宋云彬对《史记》进行了重校，改正出版错字，最终形成了附在 1962 年 6 月第 2 次印本中的《史记》勘误表。1963 年 3 月，《史记》又将重印，他再复看一遍。1965 年 6 月，"中华标点本《史记》准备印线装本，有多处标点错误，应改正。赵守俨把应改正之处一一用铅笔画出，送来覆核"。② 从标点到编辑出版，再加历次重印与发行线装本，宋云彬始终主持其事，而随着《史记》点校的结束，宋云彬又投入到了新的工作当中。

---

① 宋云彬：《关于〈史记〉标点错误的检讨》，《宋云彬文集》第 2 卷，中华书局 2015 年版，第 313—314 页。

② 宋云彬：《宋云彬日记》下，中华书局 2016 年版，第 907 页。

二、"心中有三扇门"①

　　1960 年 1 月，宋云彬参加中华书局 1959 年度"跃进奖"评选，获得三等奖。他亲笔填写的"自报评奖条件"说："领导上交给我的任务，能如期或者提前完成。去年一年的主要工作是重新标点《史记》和张文虎的《札记》。《史记》于建国十周年国庆纪念节前出版；《札记》早已发排，并且见到过排样。……自问对工作有热情，干劲也相当足。"②
　　……
　　1960 年 10 月 29 日，宋云彬的"右派"帽子终于被摘去。宋云彬心情大为放松。
　　政治问题得到了解决，宋云彬更全身心投入于古籍整理工作。此时他的工作重点在《后汉书》的点校。他的日记最早关于点校《后汉书》的记录始自 2 月 3 日，其后频繁出现，而宋云彬点校之认真从中可见，现摘录若干：

　　　　（1960 年 3 月 17 日——引者注，下同）《后汉书》校勘工作在家里做。《章帝纪》：建初七年，遣使者祠太上皇于万年。注引《三辅黄图》曰，高祖初都洛阳，太上皇崩，葬栎阳北原，陵号万年，仍令（绍兴本作分）置注万年县，在今栎阳东北，故祭祀

---

　　①　宋云彬病逝前，曾告知家人，"心中有三扇门紧闭着打不开"。见宋京毅、宋京其：《永远的怀念》，《宋云彬日记》下，中华书局 2016 年版，第 1020 页。
　　②　转引自徐俊：《宋云彬：点校本"二十四史"责任编辑第一人》，《中华读书报》2012 年 2 月 22 日。

焉。绍兴本洛阳作栎阳,局本同。以上下文语气观之,作栎阳是。然高祖未尝都栎阳,今辑本《三辅黄图》作高祖初居栎阳,则"都"乃"居"之误也。

(1960年3月18日)在家校《后汉书》。《灵帝纪》注引《续汉志》,京都童谣曰,城上乌,尾毕逋,公为吏,子为徒。绍兴本作父为吏,子为徒。案下文云,言蛮夷叛逆,父既为军吏,子弟又为卒徒,往击之也,则作父为吏是也。

(1960年4月14日)校《后汉书》。《冯异传》云"盖萧曹绍封,传继于今",注云"和帝永和四年,诏绍封萧绍之后,以彰厥功也"。黄山校补谓"永和四年乃永元三年"之误。绍兴本正作永元三年,此古本之可贵也。

(1960年4月15日)校《后汉书》。《臧宫传》"帝以蜀新定,拜宫为广汉太守",绍兴本"蜀"下有"地"字,文气较足,此亦古本之可贵也。

(1960年4月18日)校《后汉书》。《吴汉传》"汉为人质厚少文,造次不能以辞自达,邓禹及诸将多知之,数相荐举,乃得召见,遂见亲信","乃得召见,遂见亲信",乃、遂二字语意重复,绍兴本"乃"作"及",是矣。

(1960年5月9日)上下午校《后汉书》。《冯衍传》"沈孙武于五湖兮",注"虞翻曰,太湖有五湖,故谓之五湖",绍兴本作"太湖有五道",查《御览·地部三十一》引亦作"太湖有五道",则作"五道"是也。①

---

① 宋云彬:《宋云彬日记》下,中华书局2016年版,第708—719页。

至 1961 年底，《后汉书》初校及校勘记整理完毕，12 月 29 日发排"最后一批稿"，[①] 此后又不断加以复校和修正，最终在 1965 年 5 月正式出版，其后宋云彬又担任了《晋书》和齐、梁、陈三书的责编，诚可谓点校本"二十四史"责编第一人。[②]

作为文史专家，宋云彬还认真思考过排印古书的一系列问题，他曾专门讨论用简体字排印古籍的必要性及条件：

> 问题不在于古书可不可以用简体字来排印，而在于有些简体字用来排印古书合适不合适，在于用简体字排印古书是给读者以便利呢，还是反给读者带来了许多麻烦。我反复思考的结果，认为古书是可以用简体字来排印的。尤其是供一般干部阅读的古书，不但可以而且应该用简体字来排印，但有一个先决条件，就是：必须把已经公布过的简化汉字表重新甄别和整理一番，把其中的同音代替字（如"借"代"藉"，"余"代"餘"等等）都改回来。

他同时提出为了学术研究，繁体排印也应该保留：

> 不过我还要提出一点，我认为这一点是很重要的。就是：供少数学术研究工作者用的古书，还得用繁体字来排印；一些属于考据性质和属于校勘方面的文章，也得用繁体字来

---

① 宋云彬：《宋云彬日记》下，中华书局 2016 年版，第 803 页。

② 徐俊：《宋云彬：点校本"二十四史"责任编辑第一人》，《中华读书报》2012 年 2 月 22 日。

排印。①

可惜宋云彬关于古籍的工作与思考没能继续，1966 年"文革"开始，中华书局古籍整理出版业务中止。1969 年 12 月，宋云彬同出版社全体干部和部分家属下放湖北咸宁文化部干校参加劳动改造，1970 年 8 月因病回北京。

1979 年 2 月，浙江省统战部发布第 30 号文件，为宋云彬平反，恢复了名誉。② 两个月后的 4 月 17 日，宋云彬病逝，享年 82 岁。

---

① 宋云彬：《用简体字排印古书的先决条件》，《宋云彬文集》第 3 卷，中华书局 2015 年版，第 127—128 页。
② 宋京毅、宋京其：《永远的怀念》，《宋云彬日记》下，中华书局 2016 年版，第 1020 页。

　　宋云彬一生交游广阔，获赠不少字画，他也自购了不少。"文革"期间被抄家，劫后宋云彬将残存的字画予以整理，逝世后这批字画由其孙宋京其保存。在经过商议后，宋云彬后人决定拍卖字画，将其所得用以成立"宋云彬古籍整理奖"。"宋云彬古籍整理奖"成立经过据宋京其所述如下：

　　　　为了继续祖父这个未尽的事业，我和姐姐、表哥商定把这批字画进行拍卖，拍卖所得全部无偿捐出，用以设立"宋云彬古籍整理出版基金"，交由中华书局主持，作为表彰在古籍整理和出版工作中有突出贡献者之用途，企盼我国的古籍整理出版工作得以继续和发扬光大，也使工作在古籍整理出版岗位的后人，记住曾经有祖父这样一位前辈。同时我们也希望通过这一举动，使我们这些握有先人藏品的后人，能够让这些藏品发挥最大的作用，既对得起先人，也对得起社会。

在履行拍卖和设立基金的法律程序过程中，我们得到了家人的全力支持，在这里我要特别感谢我那已故表姐的后人，即我的表外甥向云和他的侄子向威汉，你们不愧为我国著名历史学家、敦煌学家向达先生的后人，不愧为宋云彬的后人。

2015年4月2日，我们在中华书局与中国嘉德国际拍卖有限公司签约，委托该公司将这批字画进行专场义拍，并当场完成了字画的移交。从祖父逝世至今，已经过去了36年，当交出这批字画时，我突然有种如释重负的感觉，然而随着时间的推移，每当我看到家里存放字画的那只空箱子时，顿生一股股的凄楚，后来嘉德送回折扇的扇骨，王湜华先生安慰我说，字画不在，"骨"还在。确实，"骨"还在，祖父的精神还在。①

在中国嘉德公司的专场拍卖中，宋藏字画拍卖共得1000余万元，宋云彬后人全部无偿捐出，交由中华书局设立基金。

2016年5月31日，宋云彬古籍整理出版基金在京正式成立，根据章程每两年举行一届评奖，旨在奖励原创古籍整理者及古籍整理编辑。作为一项坚持学术标准的民间奖项，它的意义和价值得到了学界和业界的肯定与认可，迄今已颁发过两届。相信宋云彬的嘉言懿行必

① 宋京其：《我们为什么要捐出祖父收藏的字画》，《中国新闻出版广电报》2016年1月21日。

将通过"宋云彬古籍整理奖"的形式，在一代代古籍出版人中间得到
传承并发扬光大！

宋云彬编辑出版大事年表

1897 年

1897 年 8 月 16 日（农历丁酉年七月十九日）出生于浙江省海宁市硖石镇。

1914 年　17 岁

2 月 3 日，在《申报·自由谈话会》发表署名"海宁无我宋云彬"的文章。

1919 年　22 岁

1 月 15 日，与钱玄同的通信以《"黑幕"书》为题发表于《新青年》第 6 卷第 1 号。

1920 年　23 岁

11 月，《私塾的废弃和学校的改良》及《〈试验主义〉的初等教育》两文发表于《海宁教育》第 2 期。

1921 年　24 岁

11 月，任《杭州报》编辑。

1922 年　25 岁

6 月，任《浙江民报》副刊《社会镜》编辑。

秋，与友人创办《新浙江报》，任副刊《新朋友》编辑。

11 月，在《新朋友》刊发徐志摩、张幼仪的《徐志摩张幼仪离婚通告》。

1923 年　26 岁

夏，任《新浙江报》主笔。

1925 年　28 岁

秋，任中共中央宣传部在上海创办的国民通讯社杭州分社通讯员。

1926 年　29 岁

9 月，离职赴沪任国民通讯社社长。

秋，乘招商局"新昌"轮离开上海赴广州，任职于黄埔军校政治部宣传科，任《黄埔日刊》编辑。

1927 年　30 岁

春，发表《鲁迅先生往那里躲》。

4 月，任《汉口民国日报》编辑，兼任武汉国民政府劳工部秘书。

7 月 8 日，辞去《汉口民国日报》工作，与茅盾等搬进法租界一家栈房。在庐山逗留一段时间后赴上海，任商务印书馆馆外编辑。

1928 年　31 岁

5 月 15 日，《介绍一部未出版的伟大辞书——〈读书通〉》发表于《贡献》旬刊第 2 卷第 8 期。

1930 年　33 岁

12 月，入上海开明书店，开始编校《辞通》。

1931 年　34 岁

5 月，《东汉之宗教》、《王守仁与明理学》（均署名"宋佩韦"）由商务印书馆出版。

8 月，与张同光联合选注的《开明活叶文选注释》（第 1 册）由开明书店出版。

10 月，《开明活叶文选注释》（第 2 册）由开明书店出版。

1932 年　35 岁

9 月，《开明活叶文选注释》（第 3 册）由开明书店出版。

1933 年　36 岁

7 月，改编的《西厢记》（署名"宋佩韦"）由上海新生命书局出版。

1934 年　37 岁

3 月 1 日，《科举制度及其作用》发表于《中学生》第 43 期。

8 月，负责编校的《辞通》（朱起凤撰著）由开明书店出版。

9 月，《王阳明》由开明书店出版。《明文学史》（署名"宋佩韦"）由商务印书馆出版。

11 月，与王钟麒联合编著的《开明中国历史讲义》（上）由开明书店出版。

1935 年 38 岁

7 月，叙订的洁本《水浒》（上、下）由开明书店出版。

11 月，《玄奘》由开明书店出版。

1936 年 39 岁

12 月 1 日，《鲁迅》发表于《中学生》第 70 期。

1937 年 40 岁

4 月，《玄武门之变》由开明书店出版。

7 月，《陶渊明》由开明书店出版。

海宁县抗日后援会分会成立，硖石设办事处，宋云彬被推选为硖石抗战分会宣传组长，并与吴曼华、陈才庸等一起在《硖石商报》上创办宣传抗日的副刊《抗敌》。

1938 年 41 岁

2 月，与茅盾、叶圣陶、楼适夷一道在汉口发起创办"大路书店"。

2 月 20 日，《少年先锋》半月刊创刊，编辑者茅盾、叶圣陶、楼适夷、宋云彬，发行者宋云彬，发行所大路书店。

5 月 4 日，《抗战文艺》创刊，名列编委会成员。

8 月 5 日，大路书店与《少年先锋》关停。

1939 年 42 岁

3 月，与章雪山、傅彬然、丰子恺、王鲁彦、胡愈之、唐锡光等一道商议复刊《中学生》。

5 月 5 日，《中学生战时半月刊》发刊，社长叶圣陶，编辑委员王鲁彦、张梓生、宋云彬、傅彬然、胡愈之、贾祖璋、唐锡光、丰子恺。

7 月 16 日，接受胡愈之邀请，加入文化供应社，任编辑。

1940 年　43 岁

3 月，任文化供应社出版部主任。

4 月，应傅彬然之邀，承担《广西日报》每周时事述评的国内部分。

8 月 20 日，《野草》在桂林创刊，编委宋云彬、夏衍、聂绀弩、孟超、秦似。

10 月，选辑的《鲁迅语录》由文化供应社出版。

本年，杂文集《破戒草》由创作出版社出版。

1942 年　45 岁

8 月 1 日，《国文杂志》（桂林版）创刊，第 2 期起署名编辑者"国文杂志社"，实际工作由叶圣陶、宋云彬、傅彬然三人负责。

8 月，选注的《历史小品选》由立体出版社出版。

9 月，杂文集《骨鲠集》由文献出版社出版。

1944 年　47 岁

12 月下旬，在曾家岩 50 号（周公馆）参加座谈会。

1945 年　48 岁

5 月，《中国文学史简编》由文化供应社出版。

1946 年　49 岁

1 月 9 日，《民主生活》周刊创刊，发行人沈钧儒，主编宋云彬。

4 月 10 日，《评蒋主席在参政会的报告》发表于《民主生活》周刊第 12 期。

4 月，赴桂林，任文化供应社编辑。

撤退至香港，任（香港）文化供应社总编辑。

1948 年　51 岁

9 月，《文汇报》在香港复刊，任副刊《青年周刊》主编。

10 月，《中国近百年史》由新知书店出版。

1949 年　52 岁

3 月 19 日，与陈劭先讨论文化供应社事。

4 月，华北人民政府签发聘书，被聘为教科书编审委员会委员。

5 月 4 日，《进步青年》创刊，编委会成员有叶圣陶、傅彬然、胡愈之、金仲华、袁翰青、周建人、孙起孟、赵超构、茅盾、宋云彬。

6 月 17—21 日，与叶圣陶、郑振铎、卢芷芬、傅彬然一道连日同开明书店协理朱达君讨论出版社未来方针。

7 月，出席第一次文代会。

8 月，《高中本国近代史》（上册）由生活·读书·新知三联书店再版。

9 月 20 日，与陈劭先、李重毅谈文化供应社事。

10 月 19 日，《纪念鲁迅的一个建议》发表于《光明日报》。

10 月，出版总署成立，任编审局第一处处长。

1950 年　53 岁

4 月 2 日，《略谈整理古书》发表于《光明日报》。

7 月 9 日，与李重毅、陈此生、胡愈之、章士敏等谈文化供应社事。

12 月 1 日，人民教育出版社成立，入职该社。

1951 年　54 岁

3 月，《康有为》由商务印书馆出版。

9 月，正式离开北京赴浙江工作，先后担任浙江省人民政府文化教育委员会副委员、浙江省文史馆副馆长、民盟浙江省支部副主任委员兼文教委员会主任委员、浙江省文联主席、浙江省体育运动委员会主任等职。

1953 年　56 岁

4 月 15 日，开明书店与青年出版社联合组建的中国青年出版社正式成立。

本年，文化供应社结束营业。

1956 年　59 岁

6 月 23 日，在第一届全国人民代表大会第三次会议上的发言，以《我对文物保护工作的意见和建议》为题发表于《人民日报》。

1958 年　61 岁

9 月 16 日，正式入职中华书局。

10 月 16 日，写毕《关于标点〈史记〉及其三家注的若干问题》。

11 月 11 日，写毕《标点〈史记〉凡例》。

1959 年　62 岁

4 月 16 日，130 卷《史记》点校完毕。

9 月，由贺次君初点，顾颉刚复点，宋云彬过录重点，聂崇岐外审的点校本《史记》由中华书局出版。

1962 年　65 岁

7 月，《开明旧事》发表于《文史资料选辑》第 31 辑。

12 月，译注的《项羽》由中华书局出版。

1963 年　66 岁

3 月，与丰子恺合写的《弘一法师》发表于《文史资料选辑》第 34 辑。

1964 年　67 岁

8 月，译注的《刘邦》由中华书局出版。

1965 年　68 岁

5 月，负责点校的《后汉书》由中华书局出版。

1979 年　82 岁

4 月 17 日，病逝于北京。

参考文献

张同光、宋云彬注释：《开明活叶文选注释》第 1 册，开明书店 1933 年版。

宋云彬：《中国文学史简编》，文化供应社 1945 年版。

宋云彬：《玄武门之变》，开明书店 1946 年版。

宋云彬、孙起孟编：《现代公民教学法》，上海书局 1948 年版。

宋云彬：《康有为》，生活·读书·新知三联书店 1955 年版。

宋云彬：《开明旧事》，中国人民政治协商会议全国委员会文史资料研究委员会编：《文史资料选辑》第 31 辑，1962 年。

宋云彬：《宋云彬杂文集》，生活·读书·新知三联书店 1985 年版。

宋云彬：《红尘冷眼》，山西人民出版社 2002 年版。

宋云彬：《宋云彬文集》1—4 卷，中华书局 2015 年版。

宋云彬：《宋云彬日记》上中下，中华书局 2016 年版。

宋云彬档案（全宗），中华书局人力资源部藏。

宋云彬：《一个月来学习工作思想情况》，中华书局人力资源部藏。

（唐）白居易撰，谢思炜校注：《白居易诗集校注》第 6 册，中华书局

2006 年版。

陈平原、杜玲玲编：《追忆章太炎》，中国广播电视出版社 1997 年版。

丰子恺：《丰子恺文集》文学卷三，浙江文艺出版社 1992 年版。

《港澳大百科全书》编委会编：《港澳大百科全书》，花城出版社 1993 年版。

顾颉刚：《顾颉刚全集》，中华书局 2010 年版。

海宁市档案局（馆）、海宁市档案学会、中华书局编辑部编：《宋云彬旧藏书画图录》，中华书局 2015 年版。

海宁市志编纂委员会：《海宁市志》，汉语大词典出版社 1995 年版。

孔另境编：《现代作家书简》，上海书店出版社 1936 年版。

李逸民：《李逸民回忆录》，湖南人民出版社 1986 年版。

廖盖隆主编：《中国共产党历史大辞典·总论·人物》，中共中央党校出版社 1991 年版。

刘绍唐主编：《民国人物小传》第 9 册，上海三联书店 2015 年版。

鲁迅：《鲁迅全集》第 4 卷、第 12 卷，人民文学出版社 2005 年版。

马光仁主编：《上海新闻史（1850—1949）》，复旦大学出版社 2014 年版。

茅盾：《我所走过的道路》上，人民文学出版社 1997 年版。

齐浣心：《中国出版家·金灿然》，人民出版社 2018 年版。

秦似：《秦似文集》，广西教育出版社 1992 年版。

邱雪松：《开明书店、"开明人"与"开明风"：中国现代知识分子与出版的一种关系》，博士学位论文，华东师范大学 2010 年。

宋泉：《文化供应社及其抗战文化传播研究（1939—1945）》，博士学位论文，华中师范大学 2017 年。

王伯祥：《王伯祥日记》第 11 册、第 14 册，国家图书馆出版社 2011 年版。

夏征农、陈至立主编，熊月之等编著：《大辞海·中国近现代史卷》，上海辞书出版社 2013 年版。

徐志摩：《徐志摩全集》诗歌卷、散文卷，浙江人民出版社 2015 年版。

徐铸成：《报人六十年》，学林出版社 1999 年版。

衙前镇志编纂委员会编：《衙前镇志》，方志出版社 2003 年版。

叶圣陶：《叶圣陶集》第 16 卷、第 17 卷、第 18 卷、第 19 卷、第 22 卷、第 26 卷，江苏教育出版社 2004 年版。

殷明华：《共商国是海宁人：宋云彬》，中国文史出版社 2019 年版。

张静庐：《在出版界二十年》，上海杂志公司 1938 年版。

章华：《1957 年宋云彬被打成"右派分子"原因考——以"西湖拆坟"和"龙泉拆塔"等文物保护政策冲突为视角》，硕士学位论文，华东师范大学 2018 年。

赵丽丽：《宋云彬史学研究》，硕士学位论文，华东师范大学 2012 年。

《国务院关于浙江省龙泉县和湖北省均县破坏文物事件的通报》，《中华人民共和国国务院公报》1957 年第 9 期。

郑超麟：《郑超麟回忆录》上，东方出版社 2004 年版。

政协广西壮族自治区委员会文史资料研究委员会编：《陈劭先纪念文集》，1986 年。

政协海宁县文史资料委员会编：《海宁文史资料》第 24 期，1987 年。

政协海宁县文史资料工作委员会编：《海宁文史资料》第 43 辑，1991 年。

政协海宁市文史资料委员会编：《海宁文史资料》第 65 期，1997 年。

中共河北省委统战部编：《李家庄纪事》，华文出版社 2018 年版。

中共嘉兴市委党史资料征集研究委员会编：《中共嘉兴党史纪事》，浙江大学出版社 1991 年版。

中共中央党校中共党史教研室编：《中国国民党史文献选编（1894—1949)》，中共中央党校科研办公室发行，1985 年。

中国出版工作者协会编：《我与开明》，中国青年出版社 1985 年版。

中国出版科学研究所、中央档案馆编：《中华人民共和国出版史料

（1949）》，中国书籍出版社 1995 年版。

中国出版科学研究所、中央档案馆编：《中华人民共和国出版史料（1950）》，中国书籍出版社 1996 年版。

中国人民政治协商会议湖北省委员会文史资料研究委员会编：《湖北文史资料》第 4 辑，1987 年。

《中央人民政府出版总署关于开明书店股份有限公司请求与国家合营的复函》，上海市档案馆藏。

钟敬文编：《鲁迅在广州》，北新书局 1927 年版。

朱起凤：《辞通》，开明书店 1934 年版。

《出版发行研究》、《出版工作》、《出版史料》、《出版与发行》、《东方杂志》、《读书》、《儿童文学研究》、《发行工作》、《贡献》、《光明日报》、《国际公报》、《国文杂志》、《杭州日报》、《黄埔》、《教育杂志》、《进步青年》、《进修月刊》、《军事历史研究》、《民国日报》、《民主生活》、《人民日报》、《少年先锋》、《申报》、《十日文萃》、《水仙阁》、《四川师范学院学报》、《文汇报（香港）》、《文艺生活》、《现代周刊（槟榔屿)》、《新青年》、《新文学史料》、《野草》、《浙江日报》、《政治周报》、《中国出版史研究》、《中国文化》、《中国现代文学研究丛刊》、《中国新闻出版广电报》、《中华读书报》、《中学生》

后　记

　　去年暑期，吴永贵老师与我联系，希望我能为宋云彬撰写出版传记。说实话，得到吴老师的邀约，我感到很意外，加上当时另有研究任务在手，起初是有些犹豫的，没有给出肯定的答复。经过几天的考虑，我才回复吴老师，愿意接受任务。之所以有这一番小小转折，有两重考虑。一是我自 2008 年写作博士论文起，选择从事开明书店社史研究。宋云彬在开明书店任职达 10 年之久，且系开明书店的重要股东，他作为开明书店的核心成员，见证了开明书店的变迁。于情于理，撰写宋传对我而言责无旁贷。二是随着近年来研究领域的不断调整，我日渐意识到所谓外部的讨论，归根结底都是"人之变"的历史。在此意义上，宋云彬恰恰是现代中国知识分子的典型代表。不过受限于传记的侧重面和早期史料的阙如，本书只得有所取舍，以考察宋云彬一生出版行迹为明线，内含两条暗线，一是宋云彬对鲁迅的态度，二是《中学生》杂志，在二者的交互中展现传主思想的流变历史。

　　本书在写作过程中，得到了宋云彬先生哲孙宋京其老师的大力帮助，他不仅慷慨赠予宋云彬档案，更热心代为查找各种资料。除了传记写作外，他更与我交流不少耳闻目见的第一手史料，让我对宋云彬先生及周围的知识分子有了更为深切的认识，记得其中有一次甚至聊到凌晨 1 点，可见谈兴之浓。吴永贵老师的诸多著作是我从事研究的必读文献，正是吴老师，让我有机会参加"中国出版家丛书"的写作。书稿完成后，吴老师又提出了非常有建设性的修改意见。编辑贺畅老师和周颖老师时刻关心书稿的进展，热情提供已出各书以供参考，让我受益匪浅。二位的细致工作，保证了本书的品质。在此，真诚地对以上老师表示感谢！

　　本书虽然立意颇高，但我知道必然存在很多不足与遗憾，对我而言，希望以此为契机，在将来，能用另一种表达方式，来展开对宋云彬及现代出版知识分子的研究。

　　作者创作完成后，这本书的生命才刚刚开始，恳请读者批评赐教。

邱雪松　于北碚桃花山

2020 年 9 月 6 日

统　　筹:贺　畅

责任编辑:周　颖

封面设计:肖　辉　姚　菲

版式设计:汪　莹

图书在版编目（CIP）数据

中国出版家.宋云彬/邱雪松　著.—北京:人民出版社,2022.4

（中国出版家丛书/柳斌杰主编）

ISBN 978－7－01－022713－9

I.①中…　II.①邱…　III.①宋云彬（1897~1979）–传记　IV.① K825.4

中国版本图书馆 CIP 数据核字（2020）第 241972 号

中国出版家 · 宋云彬

ZHONGGUO CHUBANJIA SONG YUNBIN

邱雪松　著

人 民 出 版 社 出版发行

（100706　北京市东城区隆福寺街 99 号）

北京盛通印刷股份有限公司印刷　新华书店经销

2022 年 4 月第 1 版　2022 年 4 月北京第 1 次印刷

开本:710 毫米 × 1000 毫米 1/16　印张:12

字数:142 千字

ISBN 978－7－01－022713－9　定价:50.00 元

邮购地址 100706　北京市东城区隆福寺街 99 号

人民东方图书销售中心　电话（010）65250042　65289539